Processo de Data Warehousing

Livro 1

Conceitos sustentadores, direcionadores e estruturantes

Saiba como estruturar seus dados para uso analítico e estratégico

Prof. Marcus Vinicius Pinto

Se não der certo da primeira vez,
chame de versão 1.0.
Sydney J. Harris

À minha amada Andréa.

Mais que uma esposa e companheira inigualável,

uma inspiração em todos os momentos.

Prefácio

O projeto de um data warehouse é uma empreitada de complexidade elevada para qualquer instituição, independentemente de seu porte e de seus orçamentos. Os custos, prazos e diversidades de conhecimentos envolvidos aumentam a pressão por resultados bem-sucedidos e rápidos.

Objetivando auxiliar profissionais de Business Intelligence que pretendem implementar data warehouse em sua instituição eu, arquiteto de informação e engenheiro de atributos, por mais de 30 anos, te apresento a metodologia PDW – Processo de Data Warehousing. A abordagem está centrada em um modelo de marcos que direciona o processo de desenvolvimento de data marts, enquanto propõe um conjunto de artefatos para a coleta, registro e documentação dos aspectos funcionais, não-funcionais e multidimensionais que integram a solução.

Resultado de minhas experiências no desenvolvimento de data marts e em modelagens de sistemas de informação a metodologia incorpora as melhores práticas do modelo de Melhoria de Processo de Software Brasileiro MPS.BR, do processo RUP – Rational Unified Process, da linguagem Unified Modeling Language – UML, do gerenciamento de projetos segundo o PMI, da modelagem dimensional e da clássica modelagem de dados Entidade-Relacionamento – ER.

A PDW está organizada em três livros.

* ❖ *O primeiro livro, este volume, apresenta a revisão da bibliografia concernente a data warehouse, conceitos sustentadores e estruturantes da proposta metodológica.*

* ❖ *O segundo livro apresenta a metodologia e orienta o usuário sobre sua aplicação.*

* ❖ *O terceiro livro contempla templates e demais artefatos acessórios da metodologia.*

– Marcão - Marcus Vinicius Pinto
Belo Horizonte-Minas Gerais-Brasil

Sumário

Lista de figuras

Lista de tabelas

1   Introdução

"Não se gerencia o que não se mede,
não se mede o que não se define,
não se define o que não se entende,
não há sucesso no que não se gerencia. "
W. E. Deming.

O projeto de um *data warehouse* ou de seus *data mart*s, apesar da aparente trivialidade, é uma empreitada de complexidade elevada em qualquer organização. Os custos e prazos envolvidos aumentam a pressão por resultados e, para que o projeto seja bem-sucedido, recomenda-se seguir uma metodologia testada e que seja de conhecimento de todos os participantes do projeto.

A década de 80 foi o cenário de desenvolvimento tanto da tecnologia de *data warehouse* quanto das metodologias existentes na atualidade e enquanto se fazia testar foi se estabelecendo como a melhor alternativa para a premente necessidade de informações integradas pela gerência estratégica das organizações, como parte de processos decisórios de alto nível.

Tomando como base a análise de dados operacionais ao longo do tempo, plataformas *Data Warehouse* guarnecem ferramental aos gestores para a descoberta de tendências de negócio, identificação de lacunas e auditoria de incoerências que se traduzem em aumento da vantagem competitiva com a definição de processos operacionais mais precisos. Entretanto, este ferramental é fortemente influenciado pelo elevado volume de dados processados, pela complexidade das análises para recuperar as análises desejadas, pela organização física do banco de dados adotado e por outros aspectos de implementação que têm como principal objetivo assegurar performance e integridade à aplicação.

Assim, apesar dos inegáveis benefícios, essa abordagem é fragilizada pela brutal dependência de especificações de projeto que, caso não materializem de forma completa e adequada as necessidades do usuário, de seu ambiente e de seus desafios, tende a resultar em um oneroso fracasso.

Em decorrência disso, soluções de *Business Intelligence* apresentam, frequentemente, efeitos colaterais tais como altos índices de erro, escalabilidade limitada, inaceitáveis defasagens entre os dados nos sistemas origem, ínfima agregação de qualidade da informação e um distanciamento acentuado entre desenvolvedores e usuários, contribuindo para o fracasso de inúmeros projetos.

Esse cenário sugere, como boas práticas, a utilização de técnicas de engenharia de requisitos, de engenharia de software e de modelagem de dados como base para a especificação e gerenciamento de requisitos de alta qualidade em plataformas *Data Warehouse*.

Nesse sentido, uma abordagem metodológica testada e consolidada se faz imprescindível para potencializar a correta identificação dos requisitos do usuário e de seu contexto e um projeto de *data mart* que origine a definição de um modelo dimensional que preencha todas as necessidades de análise estratégica dos usuários finais.

Objetivando auxiliar usuários de *Business Intelligence* que pretendem implementar *data warehouse* em sua organização o autor vem propor uma metodologia, o PDW – Processo de *Data Warehousing*, que é o resultado de experiências de desenvolvimento de *data mart*s, em modelagens de sistemas de informação, de estudo da bibliografia existente e cursos relativos ao assunto.

A metodologia está em consonância com o modelo de Melhoria de Processo de Software Brasileiro MPS.BR, o processo RUP – *Rational Unified Process*, a linguagem *Unified Modeling Language* – UML, gerenciamento de projetos segundo o PMI, modelagem dimensional e modelagem de dados Entidade-Relacionamento – ER.

A abordagem adotada está centrada em um modelo de marcos que direciona o processo de desenvolvimento de *data marts*, enquanto propõe um conjunto de artefatos para a coleta, registro e documentação dos aspectos funcionais, não-funcionais e multidimensionais que integram a solução.

A metodologia está organizada em três livros. O primeiro livro apresenta a revisão da bibliografia concernente a *data warehouse*, e conceitos sustentadores e estruturantes da proposta metodológica. O segundo livro apresenta a metodologia e orienta o usuário sobre sua aplicação. O terceiro livro contempla templates e demais artefatos acessórios da metodologia.

2   Conceitos sustentadores e estruturantes

Compreender a complexidade e as peculiaridades da tecnologia de um *data warehouse* não é uma empreitada trivial. Para minimizar este esforço o propositor do Processo de *Data Warehousing* – PDW – organizou este texto de apoio com os conceitos direcionadores, sustentadores e estruturantes da tecnologia.

Apresenta-se uma visão geral da tecnologia de *Data Warehousing*, conceitua-se o que seja *data warehouse* e sua inserção no processo de *data warehousing,* apresenta-se os principais conceitos relativos à modelagem de bases de dados para suporte à decisão, examina-se as metodologias atuais para desenvolvimento de plataformas *Data Warehouse* à luz de sua contribuição para uma especificação de requisitos eficiente, discute-se requisitos e casos de uso no contexto do desenvolvimento de plataformas *Data Warehouse* e temas relativos ao gerenciamento de projetos de *data mart*.

2.1   *Data warehouse*

Surgida no início dos anos 90, a tecnologia de *Data Warehouse* (CHAUDHURI e DAYAL, 1997) foi proposta como uma solução genérica para suprir a necessidade de informações gerenciais das organizações. Desde então, tem impulsionado a indústria de informática, pelas enormes possibilidades de extração de informações estratégicas, a partir de dados "escondidos" em sistemas computacionais. O sucesso da solução pode ser comprovado pelo aumento dos investimentos em projetos de *data warehouse* ao redor do mundo e em seu parente próximo, o *Big Data*.

Data warehouse requer uma mudança considerável nas relações entre desenvolvedores e usuários, ao promover a construção de aplicações baseadas num modelo *self-service*, em contraste com o modelo *orientado-a-relatório* tradicional (MOODY e KORTINK, 2000). Num ambiente *Data Warehouse*, usuários finais acessam dados e criam seus próprios relatórios diretamente, por meio de ferramentas de consulta que implementam pesquisas *ad-hoc* em uma base (*warehouse*) estratégica consolidada. A independência de soluções específicas, pouco flexíveis para o processamento de informações gerenciais e estratégicas, é um dos grandes atrativos por trás dos investimentos em *data warehouse*. Essas características de independência e flexibilidade, contudo, escondem um complexo processo de extração, tratamento e carga de dados operacionais, que pode envolver centenas de bases mantidas por dezenas de sistemas provedores.

De fato, o desenvolvimento de plataformas *Data Warehouse* é bastante diferente do desenvolvimento dos sistemas convencionais que fornecem dados para o repositório central. O primeiro não envolve somente os requisitos de informação dos tomadores de decisão, mas herda também a estrutura e requisitos alocados dos sistemas de informação em que se baseia (sistemas origem). Ambas as visões operacional e estratégica têm de ser unidas num mesmo pacote multidimensional, em atendimento a requisitos de análise corporativos (PAIM e CASTRO, 2002a). Isto posto, tanto os requisitos do *data warehouse* quanto aqueles que sustentam os sistemas origem exercem uma influência dinâmica no desenvolvimento da aplicação, ilustrada pelas possíveis mudanças nos requisitos do usuário e por variações na estrutura das fontes de dados, e se estabelecem como definidores do escopo, do universo de dados e dos resultados esperados pelo desenvolvimento de um *data warehouse*.

2.2   Características de um *Data Warehouse*

O termo *Data Warehouse* é usado concomitantemente na literatura para designar ora o banco de dados, ora o produto (plataforma) gerado como resultado de um processo de *data warehousing*. No contexto deste texto e do PDW adota-se esse último uso do termo para referenciar as aplicações de suporte à decisão. O banco de dados, quando assim não expressamente referenciado, será citado como repositório ou ainda '*warehouse*'.

Segundo Bill Inmon, 1992, um *Data Warehouse* é um banco de dados que apresenta as seguintes quatro características:

1. Orientado a um assunto. Significa que os dados estão organizados em torno de um assunto em lugar de transações operacionais de negócio orientadas a aplicações.

2. Não volátil. Os dados, uma vez inseridos no Data Warehouse, não são sujeitos a alteração. Todos os que utilizam esta base de dados têm confiança de que uma query, com os mesmos parâmetros, produzirá sempre os mesmos resultados. Bases de dados operacionais, por seu turno, são extremamente voláteis considerando que estão em constante mudança. Não há garantias de que uma query produzirá o mesmo resultado após algum tempo.

3. Integrado. Significa que os dados são consistentes entre tabelas e entre data marts.

4. Variante no tempo. Em um data warehouse o tempo é uma dimensão de análise.

Os dados do *data warehouse* são sempre mantidos em separado dos sistemas origem. As razões para que isto seja uma diretriz são:

1. Bancos de dados dos sistemas de informação são otimizados para executar queries de *insert* e *update*, enquanto que, em um

data warehouse, o banco de dados é otimizado para executar queries do tipo *select*.

2. Bancos de dados dos sistemas de informação estão constantemente em alteração, enquanto que, em um data warehouse, o banco de dados é praticamente inalterado (não volátil).

3. Bancos de dados dos sistemas de informação têm *schemas* complexos e extensos, enquanto que, em um data warehouse, são, com frequência, "desnormalizados" se analisados com os conceitos de entidades e relacionamento.

4. Bancos de dados de data warehouses necessitam, por definição, de controles para a dimensão tempo e isto é frequentemente desconsiderado nos bancos de dados dos sistemas de informação.

Projetar plataformas *data warehouse* requer a utilização de técnicas completamente diferentes das adotadas no projeto de sistemas de informação transacionais (GOLFARELLI e RIZZI, 1999).

Existem três abordagens de implementação de *data warehouse*s:

1. Virtual: o *data warehouse* virtual utiliza o conceito de metadados (dados sobre dados) com regras de negócios. A partir dos metadados são acessados os dados diretamente das bases operacionais, tornando os custos mais baixos e reduzindo o tempo de implementação. Além de serem mais fáceis de implementar é possível demonstrar a viabilidade do projeto. Também os metadados têm a capacidade de acessar dados operacionais em diversos tipos de bancos de dados, ideal para ambientes que requerem uma baixa extração e transformação dos dados. A utilização de metadados facilita a transição de sistemas baseados em bancos de dados de baixo custo para

ambientes corporativos mais complexos e na migração para o *Data Warehouse* físico.

2. *Data mart:* são estruturas distribuídas e dedicadas a áreas de negócios específicas. A vantagem é segregar, em um ambiente, todos os dados relativos a um determinado negócio e utilizar ferramentas analíticas orientadas para o negócio alvo. Desenvolve-se *data marts* à medida das necessidades de negócios e através de metadados padrão obtém-se a visão dos dados distribuídos, ampliando o processo de pesquisa analítica.

3. Central: contém dados suficientes para descrever o negócio como um todo. Sua implementação é complexa e cara, porém permite uma visão global dos dados e pesquisas analíticas mais amplas.

Uma fragilidade, inerente aos sistemas de informação transacionais, a ser tratada como um dos principais riscos do desenvolvimento do *data warehouse* é a qualidade dos dados migrados das bases operacionais. Dados iguais podem estar representados de diversas formas nas bases de dados. Por exemplo, o código para identificar o sexo da pessoa pode estar representado por "1" e "2" em uma base e em outra por "M" e "F". No processo de migração e saneamento dos dados essas divergências devem ser corrigidas.

O saneamento dos dados e a respectiva análise de sua qualidade devem considerar as seguintes atividades:

1. O exame dos dados determina sua qualidade. Este exame precisa ser detalhado, particularizado e exaustivo.

2. A análise dos dados determina o contexto e destino do conteúdo de cada atributo.

3. A correção de dados para garantir que os dados sejam assinalados como bons ou ruins ou que os dados possam ser automaticamente corrigidos.

4. A coincidência das chaves de identificação de registros determina se dois ou mais registros podem ou não representar o mesmo objeto. Registros coincidentes devem gerar apenas um registro a ser transferido para a plataforma do Data warehouse.

O ciclo completo de transferência de dados das bases operacionais para o *Data warehouse* exige cinco etapas:

1. Extração dos dados do sistema origem para um ambiente intermediário, conhecido como área de recebimento. As rotinas de extração servem para selecionar os dados do sistema de origem para o data warehouse. Normalmente, essas rotinas são executadas no ambiente de origem dos dados para facilitar a execução de procedures que transformam, convertem, combinam e analisam os dados de origem.

2. Conversão dos esquemas da área de recebimento para a área de stage. Nessa etapa é realizada a "limpeza" dos dados para garantir a integridade da informação. Um cuidado especial deve ser dado às chaves de pesquisas utilizadas nos bancos de dados de origem e às chaves que serão utilizadas no banco de dados de destino.

3. Consolidação dos dados da área de stage em tabelas que refletem o contexto de negócio. Os dados agregados refletem os dados definidos pelo projeto após passarem por vários processos de classificação e definida qual a melhor chave de pesquisa para o data warehouse.

4. Migração dos dados da área de stage para o banco de dados do data warehouse. Recomenda-se nessa etapa o uso do software de carregamento do próprio banco de dados de destino, utilizando-se sua integridade referencial para garantir que as chaves das tabelas estejam íntegras.

5. Validação dos dados. A garantia da qualidade dos dados carregados é assegurada pelo processo de conversão e pelo exame feito pelos usuários homologadores.

Há cinco componentes principais em um data warehouse de última geração:

1. Extração de dados a partir de uma variedade de bancos de dados de sistemas de informação origem. Estas fontes, normalmente, utilizam tecnologias diferentes.

2. Integração de dados. Há dois tipos de Integração.

    a. Integração de formato onde dados semelhantes logicamente são convertidos para o mesmo tipo de dado físico.

    b. Integração semântica em que o significado dos dados compõe informação consistente.

3. Base de dados. A base de dados do data warehouse pode se tornar enorme na medida em que novas camadas de dados são adicionadas. Como exemplo pode-se citar o esquema estrela, implementado como uma série de tabelas, em que a tabela Fato, o centro da estrela, é extensa e fina, com um grande número de linhas e um pequeno número de colunas. As colunas da tabela Fato devem ser totalizáveis. As tabelas Dimensão, as pontas da estrela, são unidas à tabela Fato através de *foreign keys*.

4. Navegação agregada[1]. Esta navegação é uma técnica que permite aos usuários ter suas queries automaticamente direcionadas para tabelas agregadas sem que tenham conhecimento de que isto está acontecendo.

5. Apresentação da informação. Isto se traduz em como a informação é apresentada aos usuários do data warehouse. A

---

[1] *Aggregate navigation*

maioria das implementações optam por uma abordagem cliente-servidor a qual dá a eles a capacidade de ver suas informações em uma variedade de formatos tabulares e gráficos.

2.3 *Data Warehousing* e *Data Warehouse*

O termo *data warehouse* foi inicialmente utilizado por DEVLIN e MURPHY (1988), mas foi INMON (1992) quem se consagrou como o pai do *data warehouse* ao criar a definição mais aceita na literatura:

> *"Data Warehouse* é uma coleção de dados, para suporte a decisões gerenciais, orientada a assunto, integrada, não-volátil e variante no tempo*"

O dado é organizado por assuntos, tais como "vendas", permitindo que usuários trabalhem com termos do seu dia-a-dia. Em aplicações convencionais o dado é organizado para atender a uma funcionalidade específica (ex. *análises de vendas*) tornando-o muitas vezes incompreensível para usuários pouco especializados. A orientação a assunto confere a plataformas *data warehouse* a flexibilidade requerida para a análise gerencial visto que tem sua estruturação de acordo com as áreas de atuação e objetivos estratégicos da organização.

Plataformas *data warehouse* integram dados provenientes de bases de dados localizadas nos diversos sistemas de informação em operação na organização, provendo uma visão consistente e unificada deste cenário operacional. Para que isto seja possível o dado é recuperado do sistema origem, traduzido e transformado para um formato adequado às análises estratégicas. Além disso é necessário tratar os dados para eliminar inconsistências, incompatibilidades e ausência de conteúdo semântico ou ontológico. Esse processo torna a tarefa de combinar as diferentes informações muito mais próximas do mundo empresarial do usuário final.

O dado é dito não-volátil pois, ao contrário de aplicações transacionais, é mantido indefinidamente na forma em que foi persistido na base de dados do *data warehouse* e, normalmente, nunca é excluído. A retenção do dado torna possível a consulta histórica sobre informações armazenadas em longos períodos de tempo, subsidiando, assim, a análise de tendências e comportamentos a partir do estudo de séries complexas de dados e análises temporais de indicadores estratégicos.

Em *data warehouses* o dado é variante no tempo e suas variações são armazenadas ao longo de uma linha de tempo. Assim, consultas podem ser executadas para recuperar o estado da informação num dado período de tempo. Para tanto o dado é inserido na base de dados do *data warehouse* através de cargas periódicas para manter seu registro histórico.

O desafio de plataformas *data warehouse* é transformar o dado operacional, distribuído heterogeneamente pela organização, em informação estratégica com conteúdo semântico, para suporte a processos de tomada de decisão que garantam a efetividade da aplicação desta informação estratégica. A superação deste desafio se dá pela construção do *data warehouse* alicerçado em um processo sistemático que compreende algoritmos, ferramentas, técnicas e uma arquitetura especialmente concebida para facilitar o armazenamento de grandes volumes de dados. Além disto, esta arquitetura deve também viabilizar a recuperação de informação estratégica a partir da execução de consultas complexas à base de dados que consideram aspectos restritos de tempo de resposta e vazão[2].

A materialização do *data warehouse* segue processos de *Data Warehousing* e os produtos dele resultantes são comumente referenciados como Ferramental de Suporte à Decisão.

O processo de *Data Warehousing* trata quatro grandes fases:

1. Extração dos Dados. A partir de fontes operacionais heterogêneas, em sua maioria sistemas legados, os sistemas origem, distribuídas ao longo de inúmeros sistemas operacionais internos e/ou externos

---

[2] *Throughput*

à organização os dados são processados num esquema de agenda periódica, podendo ser recuperados diretamente dos sistemas origem, segundo condições preestabelecidas entre as partes, ou fornecidos pelos analistas dos sistemas origem com base em padrões de integração definidos pelos projetistas do *data warehouse*. Os dados podem estar em formatos variados desde tabelas relacionais a arquivos ".txt", o que requer sua tradução e adequação para a estrutura-padrão do repositório.

2. Transformação do dado bruto. Isto envolve basicamente a adaptação, limpeza e consolidação das informações antes de serem integradas ao *warehouse*. O objetivo principal dessa etapa é eliminar as diferenças semânticas e ontológicas entre o dado extraído e o esquema multidimensional adotado. A consolidação final resulta da execução de uma sequência de atividades, dentre as quais pode-se citar:

   a. A equivalência entre atributos. Situação em que atributos diversos contêm a mesma informação.

   b. Resolução de sobreposições (*overlappings*). Por exemplo, tem-se os atributos "registro" e "matrícula", representando a mesma informação, com formatos diferentes.

   c. Definição de dependências transitivas no *warehouse*. Enquanto no sistema origem tem-se chaves primárias e alternativas no *warehouse* será necessário estruturar redundâncias de estruturas para contemplar as situações dos dados no sistema origem.

   d. Tratamento de diferenças semânticas. Por exemplo, converter o conteúdo do atributo "Sexo" de "M" e "F" para "01" e "02", respectivamente.

   e. Complementação de dados ausentes. Valores nulos, em branco ou zerados em tabelas no sistema origem devem ser tratados e ter valores no *warehouse* que indiquem a falha naquele sistema.

3. Carga dos dados no repositório. Essa fase envolve a geração de programas para alimentação do banco de dados, num processo predominantemente *batch*. Devido ao alto volume de dados, técnicas especiais como processamento paralelo ou incremental, são utilizadas para aumentar a eficiência e garantir a carga dos dados dentro dos requisitos de disponibilização de informação tais como data prevista, taxa de erros máxima, quantidades dentro do volume contratado. Durante essa fase, outras atividades são desempenhadas tais como a criação de índices, classificação e agregação de dados, particionamento de bases e checagem de integridade para controle de qualidade.

4. Consulta aos dados. Aqui se utiliza a estrutura multidimensional implementada a partir das decisões de projeto na fase de modelagem e as facilidades de ferramentas OLAP. Plataformas *data warehouse* diferenciam-se de sistemas convencionais neste ponto pois a implementação de consultas se apoia na customização da ferramenta OLAP às necessidades de informação do usuário ao invés de desenvolver interfaces rígidas por intermédio de linguagens de programação. O desafio maior é tornar a interface aderente aos padrões de interoperabilidade e requisitos de qualidade estabelecidos pelo projeto.

Projetos de suporte à decisão são processos complexos e contínuos, influenciados diretamente pela dinâmica dos ciclos de vida das fontes provedoras. O processo de *Extract/Transformation/Load* (Extração/Transformação/Carga) - ETL, formado pelas fases 1, 2, e 3 do processo de *Data Warehousing*, é especialmente sensível a mudanças no conteúdo ou formato dos dados extraídos, as quais podem impactar toda a cadeia de alimentação do *data warehouse*. Para quebrar a complexidade desse processo em componentes mais facilmente monitoráveis e permitir a coordenação dos grupos envolvidos, é aconselhável adotar-se uma arquitetura em camadas, onde cada nível encapsula ferramentas, métodos e procedimentos utilizados no ciclo de *data warehousing*.

Após o processo de ETL, o dado integrado ao *warehouse* representa a consolidação de uma variedade de informações operacionais relevantes à tomada de decisão na organização. Essa gama de informações, contudo, nem sempre é significativa para todos os segmentos de negócio dentro da organização. Alguns departamentos de uma empresa varejista podem estar mais interessados, por exemplo, em realizar análises estratégicas sobre dados de vendas, em detrimento de informações relativas à reposição de estoque.

A literatura registra os argumentos de vários autores (MOODY e KORTINK, 2000; WATTERSON, 1998; KIMBALL, 1998; BREITNER, 1997; POWER, 2000) que propõem uma divisão do *data warehouse,* que pode ser compreendida como uma visão corporativa das bases de dados da organização, em subconjuntos de dados significativos, que são alimentados de acordo com a visão departamental a que se destinam. Estas porções de *data warehouse* são denominadas *Data Marts* e constituem os componentes de construção dos *data warehouses*.

Segundo BREITNER (1997), *data marts* representam o ponto de partida para o projeto do *data warehouse* da empresa, sendo desenvolvidos individualmente para cada assunto e depois combinados para formar uma visão de negócios corporativa. Em muitos casos, a estratégia de construir *data warehouses* a partir de *data marts* revela-se uma opção que pode, além de ser utilizado para seus propósitos naturais, ser utilizada como protótipo para demonstração e validação evolutiva dos requisitos dos usuários.

2.4 Modelagem dimensional

Nos primeiros anos do desenvolvimento da tecnologia de *data warehouse*, ao se perguntar aos usuários, os tomadores de decisão, quais os recursos ausentes nos sistemas transacionais para apoiá-los nos processos de decisão em suas organizações, eles, via de regra, afirmavam o seguinte:

- Informação sumarizada com a possibilidade de expandi-la em detalhes e subdetalhes.
- Análise da informação sumarizada através de componentes particulares à sua área de atuação.
- *"slice and dice"*[3] .
- Exibir a informação tanto em formato gráfico quanto em tabular.
- Capacidade de analisar a informação ao longo do tempo.

Este tipo de abordagem encontra sérios problemas quando implementados nos ambientes dos sistemas transacionais. Não há como um mesmo sistema de informação ter boa performance tanto para as atividades cotidianas do sistema (inclusão, deleção, alteração, consultas on-line, sincronismo, saneamento ...) quanto para análises estratégicas, simulações e comparações temporais. Este segundo conjunto foi então transferido para o contexto do *data warehouse*.

Em relação à modelagem dos dados propôs-se a modelagem dimensional que tem como foco principal a recuperação de informação agregada que considera as análises estratégicas, simulações e comparações temporais como foco.

A modelagem dimensional atende a dois requisitos fundamentais

---

[3] *Slice and dice* é uma expressão em inglês que significa quebrar uma informação em partes menores ou examiná-la de diferentes pontos de vista de forma a melhor compreendê-la.

para o sucesso de um *data warehouse*:

1. Simplicidade na organização dos dados, permitindo seu fácil entendimento por usuários finais.

2. Bom desempenho na geração de consultas e relatórios de apoio aos tomadores de decisão, pela redução significativa de operações de junções de dados.

A modelagem dimensional é a técnica de projeto lógico de banco de dados mais usada no desenvolvimento de *data warehouses*, embora também possa ser aplicada ao projeto de sistemas de informações operacionais. Ela busca apresentar os dados em um formato que seja intuitivo e ao mesmo tempo atenda a acessos com alto desempenho (Kimball, 1998).

Um modelo dimensional é formado por uma tabela com uma chave composta, denominada tabela de fatos, e um conjunto de tabelas menores conhecidas como tabelas de dimensão, que possuem chaves simples (formadas por uma única coluna). Na verdade, a chave da tabela de fatos é uma combinação das chaves das tabelas de dimensão. Isto faz com que a representação gráfica do modelo dimensional se assemelhe a uma estrela. Por este motivo, o modelo também é conhecido como modelo estrela (Kimball, 1998).

A ideia fundamental da modelagem dimensional baseia-se na ideia de que quase todo tipo de dado do negócio pode ser representado como uma espécie de cubo de dados, onde as células do cubo contêm os valores medidos e os lados do cubo definem as dimensões naturais dos dados (MOHANIA *et al.*, 1999). A Figura 1 contém um exemplo de um cubo com 3 dimensões: produto (conjunto de produtos comercializados por uma empresa), mercado (área de atuação) e tempo (período de tempo de atuação). Modelos dimensionais reais do mundo dos negócios geralmente possuem entre 4 e 15 dimensões.

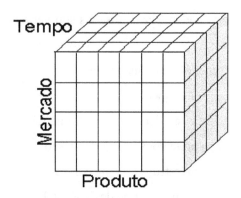

Figura 1 - Exemplo de um Cubo Dimensional

Há um número de dimensões que podem compor um conjunto de dados que podem ser analisados. Segundo Codd *et al.* (1993), esta perspectiva plural, ou visão conceitual multidimensional, se mostra como uma maneira em que os tomadores de decisão vislumbram suas organizações.

O conceito da análise dimensional se tornou "o" método para projetar as estruturas de dados de *data warehouses*. A técnica se concentra na determinação, por entrevistas aos tomadores de decisão da organização, de qual é o assunto a ser tratado e, o mais importante, em quais dimensões. Conforme afirmado anteriormente um *data warehouse* é orientado a assuntos.

O Paradigma Multidimensional foi criado para permitir a modelagem de esquemas lógicos mais adequados ao processamento analítico típico de aplicações *data warehouse*. A ideia básica por trás de modelos multidimensionais é a separação entre dados quantitativos e qualitativos (SHOSHANI, 1982), por meio de um conceito conhecido como multidimensionalidade (BREITNER, 1997; LEHNER *et al.*, 1998), no qual a informação é classificada de acordo com fatos e dimensões.

Fatos são dados quantitativos mensuráveis que representam uma atividade específica de negócio que se deseja analisar. Como exemplo podemos citar movimentações financeiras, registros de frequência e votos em uma eleição. Fatos podem ser analisados sob vários pontos de vista ou perspectivas diferentes, com base em aspectos qualitativos associados ao seu conteúdo (ex. movimentações financeiras dos clientes por agência e período). A combinação de aspectos qualitativos inter-relacionados por um mesmo ponto de vista é denominada Dimensão (ex. a hierarquia conta→agência→banco pode constituir a dimensão "Cliente"). Esse arranjo dos dados dá origem a uma estrutura *n*dimensional referenciada na literatura como hipercubo ou simplesmente cubo de dados (CHAUDHURI e DAYAL, 1997), conforme ilustrado pela Figura 2.

Cada dimensão consiste de uma série de elementos ou *atributos* (características) que a descrevem em níveis de detalhe diferenciados, dispostos numa organização hierárquica (*hierarquia dimensional*), através da qual valores numéricos (*métricas*) representativos de fatos podem ser agregados ou classificados.

Os níveis dentro da hierarquia conferem uma *granularidade*, i.e., um nível de detalhe maior ou menor ao fato.

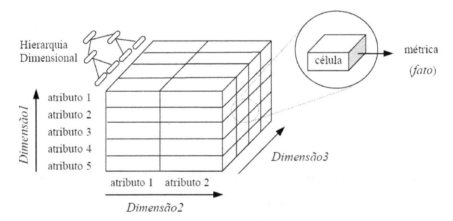

Figura 2 - Cubo (Hipercubo) de Dados Multidimensional.

A interseção entre atributos de um cubo dimensional forma uma célula, a qual guarda uma métrica quantitativa de um fato. Por exemplo, em uma cadeia de lojas de departamento, a venda de produtos é um fato, que pode ser analisado sob a perspectiva das lojas que efetuaram vendas ao longo do ano. Produto, loja, e tempo são então dimensões pelas quais os valores de venda podem ser consolidados (Figura 3-a).

Através de cada dimensão, valores das Vendas (métricas do fato) são agregados em níveis crescentes de detalhe, fornecendo ao usuário final visões diferenciadas sobre as vendas da empresa (Figura 3-b). Têm-se então os conceitos de dimensão e fato adotados neste texto e no PDW:

- Dimensão: conjunto de atributos que definem uma perspectiva única de um dado armazenado num esquema multidimensional.

- Fato: dado numérico ou factual que representa uma atividade específica de negócio.

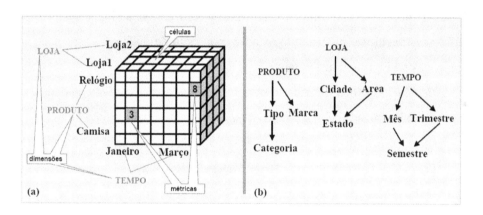

Figura 3. Elementos Multidimensionais no Cubo de Dados.
(a) fatos, dimensões, células e métricas.

(b) hierarquias dimensionais e seus atributos

2.5 OLAP (On-Line Analytical Processing)

A estrutura multidimensional do cubo de dados fornece uma plataforma mais flexível para a execução de consultas analíticas complexas, maximizando a eficiência do esforço computacional exigido e minimizando, ao mesmo tempo, a quantidade de tabelas e relações no repositório de dados.

Acessos ao cubo de dados, por sua vez, denotam operações envolvendo volume intenso de dados e alta carga computacional. Tais operações não são bem representadas por métodos de acesso tradicionais, concebidos para otimizar o acesso transacional concorrente e pequenas quantidades de informação (TRUJILLO e PALOMAR,1998).

Especialmente projetada para suprir essa deficiência, a tecnologia OLAP (*On-Line Analytical Processing*) (CODD *et al.*, 1993) possibilita respostas rápidas e consistentes em consultas a dados agregados, independentemente do tamanho do banco de dados ou da complexidade do modelo multidimensional. Utilizando o cubo de dados como plataforma-base, o modelo OLAP implementa visões configuráveis dos dados em diferentes ângulos e níveis de agregação, por meio de operações especiais, ilustradas na Figura 4, tais como:

1. *Slice/Dice*: O foco do usuário é transferido para uma camada de dados particular ou sub-cubo de dados, respectivamente, pela secção de fatias (*slices*) do cubo ou pela extração de um sub-cubo (*dice*) de dados agregados, fixando-se valores de dimensão. Por exemplo, o total das vendas do segundo semestre de 1997 pode ser obtido pelo "*Slice*" da Figura 4. O seu refinamento para o produto "CD" e Loja 01 é representado pelo "*Dice*" logo abaixo na mesma figura.

2. *Rotate* ou *Pivot*: Modifica a orientação do cubo, ao trocar a posição das dimensões entre os eixos do cubo, gerando uma nova configuração de análise dimensional. No exemplo da Figura 4, uma rotação alterna a visão "produtos vendidos em cada loja no período" para a vertente "lojas que no período venderam determinados produtos";

3. *Drill-down/Roll-up*: Utiliza as hierarquias dimensionais para oferecer visões mais refinadas ou mais agregadas dos dados. Na Figura 4, as vendas de um dado produto podem ser refinadas (*drilled-down*) ao longo das dimensões "tempo" e "loja". E vice-versa.

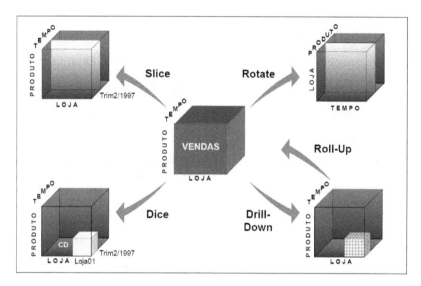

Figura 4. Operadores OLAP.

Sistemas OLAP são tipicamente implementados sobre bancos de dados relacionais. O Modelo Relacional foi introduzido por CODD em 1970 (CODD, 1970) e propõe a representação de bancos de dados como uma coleção de relações ou tabelas de valores. Desde então, o modelo Entidade-Relacionamento (E/R) (CHEN, 1976) tem sido adotado para a modelagem conceitual de tabelas e relacionamentos entre estas. Entretanto, existe um consenso na comunidade científica de que modelos relacionais tradicionais gerados a partir da técnica E/R não são adequados ao projeto de *data warehouses.*

Autores tais como (BOEHNLEIN e ULBRICH-VOM ENDE, 1999; KIMBALL, 1998; BULOS, 1996; PEDERSEN e JENSEN, 1999; SAPIA *et al.*, 1998). KIMBALL *et al.* (1998a) resumem bem esse consenso ao colocar que:

1. Os esquemas relacionais resultantes de uma modelagem tradicional contrariam uma premissa chave em *data*

warehousing que é a recuperação intuitiva e em alta performance dos dados.

2. Usuários finais não conseguem entender ou navegar um modelo E/R complexo, que pode em alguns casos representar centenas de entidades.

3. Softwares comuns não conseguem aplicar consultas analíticas a modelos relacionais de forma eficiente. Otimizadores de consulta, que tentam suprir essa deficiência, são notórios por efetuar escolhas inadequadas, com grande perda de performance.

4. Modelos E/R não são extensíveis o suficiente para acomodar mudanças nos requisitos de negócio do sistema. Em consequência, toda a estrutura de entidades e relacionamentos, bem como as funcionalidades da aplicação nela apoiadas, tem de ser revistas e adaptadas quando da inclusão de novos elementos ou mudança em requisitos de projeto.

Novos esquemas de representação foram, então, desenvolvidos para modelar os requisitos de dado inerentes ao paradigma multidimensional. Do ponto de vista semântico, a modelagem de entidades, seus atributos e relacionamentos, para representação conceitual de estruturas multidimensionais, não constitui um novo "modelo", mas sim um *esquema* de dados (TRYFONA *et al*, 1999). O esquema gerado utiliza os mesmos princípios da modelagem E/R para dispor as entidades numa configuração mais adequada ao acesso rápido e facilitado ao dado agregado. Os esquemas mais adotados são o Estrela e o Flocos de Neve.

No esquema Estrela, métricas e atributos de dimensão são mapeados através de dois tipos específicos de tabelas (Figura 5):

1. Fato. Armazena as métricas a serem analisadas.
2. Dimensão. Formada pela hierarquia de atributos qualitativos de uma dada dimensão. Conectadas ao redor da tabela fato, as dimensões descrevem uma estrutura em forma de estrela.

A representação de um fato como uma única tabela leva à desnormalização dos atributos que a compõem, i.e., a redundância de atributos. Uma forte justificativa para a adoção desta modelagem reside na otimização conseguida sobre o processamento de consultas complexas, o que torna o esquema estrela o preferido para a representação em *data warehouse* (KIMBALL, 1998).

No esquema Floco-de-Neve (*Snowflake*), tabelas do tipo dimensão são transformadas (normalizadas) com base na terceira forma normal (CODD, 1972), eliminando a redundância entre atributos. Este esquema está exemplificado na Figura 6.

Para cada hierarquia de dimensão, uma tabela em separado é gerada. A despeito da perda comparativa em performance com relação ao modelo estrela, o modelo flocos-de-neve tem a vantagem de simplificar a execução de operações OLAP sobre o modelo multidimensional (MOHANIA *et al.*, 1999), enquanto preserva a flexibilidade e simplicidade dos esquemas multidimensionais.

A escolha do modelo adequado depende da análise comparativa entre custos de armazenamento e o desempenho requerido nas consultas ao repositório. Ademais, algumas variações sobre os dois modelos apresentados são sugeridas na literatura. O modelo em Constelação (Figura 7) apresenta esquemas-estrela com tabelas-fato hierarquicamente interligadas por meio de dimensões comuns (TESTE, 2001), possibilitando a recuperação de dados entre *visões de negócio* situadas em tabelas-fato autônomas.

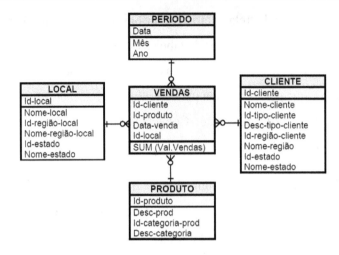

Figura 5. Esquema Estrela. (*Star*)

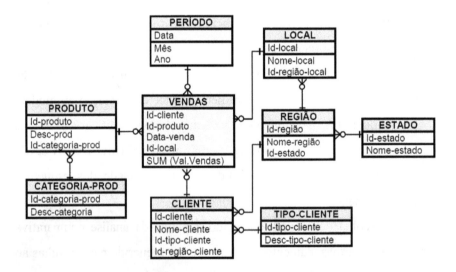

Figura 6. Esquema Flocos de Neve (*Snowflake*).

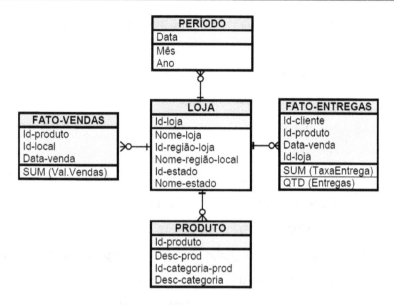

Figura 7. Esquema Constelação.

2.6 Dimensão tempo - Históricos não são coisa do passado

Nos tempos atuais é muito fácil se conceber artefatos de tecnologia que ignoram eventos anteriores em sua concepção. Tudo parece muito rápido e urgente. Entretanto, ignorar a evolução de uma informação restringe inúmeras possibilidades de uso futuro das informações sobre esta evolução. Não se admite que os modelos de dados desconsiderem os registros temporais em seu projeto.

2.6.1 Um conceito de tempo

O tempo está presente em todas as atividades do ser humano. Um banco de dados deve prover a facilidade para a modelagem de tempo em aplicações do mundo real.

Plataformas *data warehouse* podem persistir informações que representem o mundo real em um momento específico. Ao longo do tempo é necessário conservar valores de dados definidos pelo tempo (passado, presente e futuro) tais como:

- Aplicações financeiras, como no mercado de ações, aplicações bancárias;

- Planos de companhias seguradoras a serem oferecidos (referentes ao futuro) e onde os valores das apólices geralmente são baseados nas informações (referentes ao passado) dos clientes;

- Informações acadêmicas, nas quais devem ser armazenados todos os conceitos obtidos pelos alunos nos respectivos semestres;

- Dados contábeis (datas de contas a pagar e receber, fluxo de caixa, pagamentos efetuados e recebidos), em tomadas de decisão (baseadas em informações históricas)

- Controles de estoque;

- Controle de importação/exportação;

- Sistemas de reservas (de companhias aéreas, de hotéis e etc);

- Informações do segmento de saúde em que o registro das informações históricas de pacientes é fundamental.

Para LEFFINGWELL *et al.* (2000) os dados temporais permitem armazenar e recuperar todos os estados de uma informação (atual, passado e futuro previsto), registrando sua evolução com o passar do tempo.

A autora ainda afirma que muitas pesquisas têm sido realizadas na área de bancos de dados temporais com o objetivo de definir conceitos e estratégias para tratar informações históricas. Os bancos de dados foram classificados em quatro categorias, dependendo da possibilidade de representação de informações históricas:

1. Bancos de Dados Instantâneos. São armazenados somente os valores presentes e, ao alterar uma informação, a antiga é sobrescrita pela nova. Um exemplo desta categoria são os

bancos de dados de sistemas de informação que trabalham com simulações.

2. Bancos de Dados de Tempo de Transação. Associados a banco de dados que tem o funcionamento como de um retrato. Todos os dados são considerados em relação a dado momento no tempo. Em geral o tempo presente. Correspondem aos dados da área de *stage* de um *data warehouse*.

3. Bancos de Dados de Tempo de Validade. Associam aos dados o tempo em que a informação será válida no banco de dados, possibilitando a recuperação tanto do passado, quanto do presente e do futuro das informações. Um exemplo é a base de dados dos sistemas legislativos.

4. Bancos de Dados Bitemporais: associam tempo de transação e tempo de validade aos dados, permitindo a recuperação de todos os estados das informações.

A noção de tempo, como datas, períodos, duração de validade de informações e intervalos temporais, surge em três diferentes níveis:

1. Na modelagem de dados.
2. Na ferramenta de recuperação e manipulação de dados.
3. Na implementação do Sistema Gerenciador de Banco de Dados (SGBD).

Apesar da substancial atividade de pesquisa e dos requisitos temporais das aplicações citadas, não há um SGBDT (Sistema Gerenciador de Banco de Dados Temporal) comercial.

2.6.2   Principais conceitos de representação temporal

Os modelos de dados tradicionais apresentam duas dimensões:

1. Linha: instâncias dos dados;
2. Colunas: atributos de uma tabela.

Cada atributo de uma instância apresenta um só valor e caso este valor seja alterado o anterior é perdido.

Os modelos temporais acrescentam mais uma dimensão aos modelos tradicionais – a dimensão temporal. Esta dimensão associa alguma informação temporal a cada valor. Caso o valor de um atributo seja alterado, o valor anterior não é removido do banco de dados – o novo valor é acrescentado, associado a alguma informação que define, por exemplo, seu tempo inicial de validade.

Pode-se citar como exemplo o caso do pagamento de prestações de um empréstimo a um cliente bancário. Se o valor for persistido com a data de pagamento será possível analisar a evolução temporal dos juros pagos.

Três diferentes conceitos temporais, segundo Snodgrass (1985), podem ser identificados em aplicações de banco de dados:

1. Tempo de transação: tempo no qual o fato é registrado no banco de dados.

2. Tempo de validade: tempo em que o valor é válido na realidade modelada.

3. Tempo definido pelo usuário: propriedades temporais definidas explicitamente pelos usuários em um domínio temporal e manipuladas pelos programas da aplicação.

O tempo de transação é suprido automaticamente pelo SGBD, enquanto o tempo de validade é fornecido pelo usuário. O tempo de validade pode ser representado de formas distintas, dependendo do elemento temporal básico utilizado no modelo. A definição de uma ordem a ser seguida no tempo é fundamental quando se utiliza alguma representação temporal. Há três opções de ordenação temporal:

1. Tempo linear: total ordenação entre quaisquer dois pontos no tempo.

2. Tempo ramificado: permite a possibilidade de dois pontos diferentes serem sucessores (ramificação no futuro) ou

antecessores (ramificação no passado) imediatos de um mesmo ponto. Para ambos a restrição linear é abandonada;

3. Tempo circular: utilizado para modelar eventos e processos recorrentes. A maior parte dos modelos temporais se baseia no tempo linearmente ordenado. A ordenação total do tempo pode ser definida com mais precisão através da teoria dos conjuntos (ALFORD e LAWSON, 1979).

O ponto de referência da análise temporal indica duas possibilidades:

1. Tempo Absoluto: informação temporal que define um tempo específico, com uma granularidade determinada, associada a um fato. Exemplo: Antonio morreu no dia 7/04/2013.

2. Tempo Relativo: tem sua validade relacionada à validade de outro fato, ou ao momento atual. Exemplo: a inflação não aumentou ontem.

A variação temporal apresenta via de regra duas formas:

1. Tempo contínuo: supõe-se que o tempo é contínuo por natureza. Entretanto, sem grande perda de generalidade, o tempo pode ser considerado discreto.

2. Tempo discreto: esta forma de representação simplifica consideravelmente a implementação de modelos de dados.

Modelos de dados que suportam uma noção discreta de variação temporal são baseados em uma linha de tempo composta de uma sequência de intervalos temporais consecutivos, que não podem ser decompostos, de idêntica duração. Estes intervalos são denominados *chronons*. A duração de um *chronon* não é necessariamente fixada no modelo de dados, podendo ser definida em cada implementação do modelo de dados.

A granularidade temporal de um sistema consiste na duração de um *chronon*. Entretanto, dependendo da aplicação considerada, às vezes é necessário considerar simultaneamente diferentes granularidades (minutos, dias, anos) para permitir uma melhor representação da realidade. Por exemplo, em um determinado segmento modelado, a granularidade pode ser diária, enquanto que em outro pode ser semestral. Embora o *chronon* do sistema seja único, é possível manipular estas diferentes granularidades através de funções e operações disponíveis nos sistemas gerenciadores do banco de dados que implementam o modelo.

O conceito de instante, representando um ponto particular no tempo, depende da forma de variação temporal considerada. Quando se considera o tempo contínuo, um instante é um ponto no tempo de duração infinitesimal. Neste caso os instantes são isomórficos com os números reais. Quando, no entanto, é considerada a variação temporal discreta, um instante é representado por um dos *chronons* da linha de tempo suportada pelo modelo. Na variação discreta, os instantes são isomórficos aos números inteiros ou a um subconjunto destes.

Considerando a ordem de variação temporal linear, tem-se a existência de um instante especial, correspondente ao instante atual, o qual se move constantemente ao longo do eixo temporal. Este ponto define o que é considerado como passado (qualquer ponto anterior a ele) e como futuro (qualquer ponto posterior a ele).

Um intervalo temporal é caracterizado pelo tempo decorrido entre dois instantes. Depende também da forma de representação temporal definida no modelo. Quando é considerado tempo contínuo, o intervalo consiste de infinitos instantes do tempo. Na variação discreta, um intervalo é representado por um conjunto finito de *chronons* consecutivos. Um intervalo é representado pelos dois instantes que o delimitam. Dependendo da pertinência ou não dos instantes limites ao intervalo este pode ser aberto, semi-aberto ou fechado. Quando um dos limites é representado pelo instante atual tem-se a representação de um intervalo particular cujo tamanho varia com a passagem do tempo. Quando considerados intervalos, a variação temporal é linear. Se um intervalo fechado for representado por [I1,I2], uma das seguintes fórmulas deve ser verdadeira: *I1<I2* ou I1 = I2.

Elemento temporal é uma união finita de intervalos de tempo. É fechado para as operações de união, interseção e complemento da teoria dos conjuntos, isto é, qualquer destas operações sobre um elemento temporal produz um novo elemento temporal. Como estas operações encontram contrapartida nos operadores booleanos *or, and* e *not*, isto produz uma substancial simplificação na habilidade do usuário de expressar consultas temporais. Tendo em vista que todos os intervalos temporais são subconjuntos do eixo temporal *T*, um elemento temporal, também o é. Tanto um intervalo temporal como um instante temporal são elementos temporais.

Em termos de modelagem, o elemento temporal se mostra superior ao uso da primitiva intervalo de tempo, pois quando os intervalos são usados como rótulos temporais, os objetos são fragmentados em várias tuplas, uma para cada intervalo. Outro aspecto importante é esta primitiva temporal possibilitar a representação da "reencarnação" de objetos com facilidade. Um exemplo é uma pessoa ser aluno de uma escola durante o intervalo de 1997 a 1999, tendo saído da escola em 1999 e sendo readmitida dois anos depois em 2001. A validade da existência desta pessoa na escola seria a união dos intervalos [1997,1999] U [2001].

Durações temporais podem ser de dois tipos, dependendo do contexto em que são definidas: fixas ou variáveis. Uma duração fixa independe do contexto de sua definição. Exemplo: uma hora tem sempre a duração de 60 minutos, independente do contexto. Uma duração variável depende do contexto, um exemplo é a duração de um mês, que pode ser de 28, 29, 30 ou 31 dias.

A definição de tempo pode ser feita de forma explícita, através da associação de um valor temporal a uma informação na forma de um rótulo temporal (*time stamping*), ou de forma implícita, através da utilização de uma linguagem de lógica temporal. A associação explícita de tempo às informações consiste em associar, a cada valor atribuído a um atributo, o valor que corresponde à sua primitiva temporal.

A representação implícita é feita através da manipulação de conhecimentos sobre a ocorrência de eventos ou do relacionamento de intervalos de tempo.

2.6.3 Modelagem de dados temporal

A representação de um evento exige uma correta modelagem conceitual. Um modelo de dados temporal adequado deve ser utilizado pelos seguintes motivos:

- O evento a ser modelado pode apresentar informações temporais a serem introduzidas no banco de dados que o representa sob forma de informação propriamente dita.
- Processos a serem executados podem apresentar interações temporais.
- Tarefas podem apresentar pré-condições à sua execução, as quais podem ser representadas através de restrições temporais.
- Condições de integridade temporal do banco de dados podem ser necessárias.

Várias extensões à abordagem entidade-relacionamento (ER) original têm sido propostas com o objetivo de incorporar a possibilidade de modelar propriedades temporais. Pode-se citar como mais relevantes:

- TERM (Temporal Entity-Relationship Model) [Klopprogge,1981],
- RAKE (Relationships, Attributes, Keys, and Entities) [Ferg,1985],
- ERT (Entity Relationship Time Model) [Loucopoulos, 1991],
- TER (Temporal Entity-Relationship Model) [Tauzovich, 1991] e
- TEER (Temporal Enhanced Entity-Relationship Model) [Elmasri, 1993] e a sua variante STEER [Elmasri, 1992].

Quando o modelo ER convencional é utilizado, a associação das entidades e relacionamentos com o tempo materializa-se através da inclusão de atributos comuns que armazenam datas, horas ou qualquer outra referência temporal. Além disso, caso necessite registrar os diversos valores que um atributo pode apresentar ao longo do tempo (por exemplo, as notas de um aluno) existem duas alternativas possíveis:

- Especificar uma nova entidade composta deste atributo e mais os atributos de referência ao tempo;

- Definir tal atributo como composto e multivalorado, como pode ser observado na Figura 8.

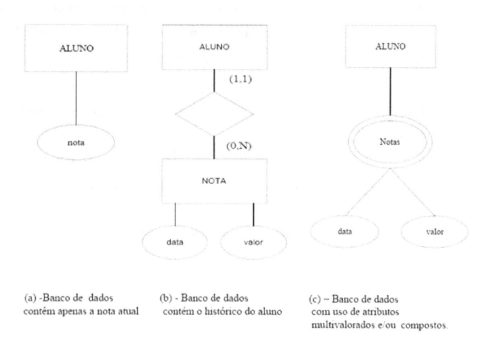

(a) - Banco de dados contêm apenas a nota atual

(b) - Banco de dados contém o histórico do aluno

(c) – Banco de dados com uso de atributos multivalorados e/ou compostos.

Figura 8 – Especificação de Atributo Composto e Multivalorado.

Em um modelo de dados convencional, os conjuntos de entidades e relacionamentos apresentam duas dimensões. A primeira refere-se às instâncias (linhas) e a segunda aos atributos (colunas). Em um modelo ER temporal (ERT), uma nova dimensão é acrescentada: a dimensão temporal.

A forma que tem se mostrado mais adequada de tratar a dimensão temporal em sistemas de informação é assumi-la como uma sequência discreta, linear e finita de pontos consecutivos no tempo. A esta sequência de pontos do tempo dá-se o nome de eixo temporal.

Outro requisito importante a ser preenchido por um modelo de dados que incorpore a dimensão temporal é permitir que em um mesmo diagrama seja possível associar objetos (entidades, relacionamentos ou atributos) temporalizados com objetos não temporalizados. Isto se faz necessário porque em sistemas de informação, normalmente, alguns dados precisam ser explicitamente referenciados em relação ao tempo (a evolução das notas dos alunos, a alocação de alunos em projetos, ...), e outros não apresentam esta necessidade, ou porque não mudam com o tempo, ou porque é irrelevante ao usuário saber quando os fatos ocorreram (o código de uma disciplina, a autoria de um artigo, ...). Normalmente os objetos não temporalizados são assumidos como existindo sempre, ou seja, adquirem uma validade temporal, implícita e constante, igual a todo o conjunto de pontos do eixo temporal.

É importante ainda destacar dois tipos de entidades: transitórias e perenes. As entidades transitórias são aquelas cuja validade temporal é um subconjunto de pontos do tempo do eixo temporal. Utiliza-se este tipo de entidade quando se quer modelar entidades que valem por um certo período de tempo. É possível através das transações do sistema ampliar ou reduzir a validade temporal das entidades transitórias. Como resultado do funcionamento do sistema, subconjuntos de pontos do tempo podem ser adicionados ou retirados da existência deste tipo de entidade. É dessa possibilidade de modificar a validade temporal que advém o qualificativo "transitórias" aplicado a estas entidades.

As entidades perenes são aquelas cuja validade temporal é exatamente igual a todo o eixo temporal. Toda vez que uma entidade perene é incluída no banco de dados do sistema, assume-se que seu rótulo temporal é igual a "[« , »]", isto é, a sua validade temporal inicia no primeiro ponto do eixo temporal e se estende até o último.

Normalmente as entidades que o modelador não necessita ou não deseja associar ao tempo são consideradas como perenes. O fato de ser perene não significa que uma entidade não possa ser eliminada do banco de dados. Entretanto, enquanto uma entidade perene estiver presente no banco de dados, a sua validade temporal será constante, igual ao conjunto de todos os pontos do eixo temporal. Portanto, diferentemente das entidades transitórias, a validade temporal das entidades perenes de forma alguma pode sofrer acréscimo ou redução.

Por ser constante, a validade temporal das entidades perenes não precisa ser registrada no banco de dados. O modelador deve visualizar o conjunto de pontos de tempo que define a existência das entidades perenes como sendo implicitamente especificado, ou seja, sempre igual ao conjunto total de pontos do eixo temporal.

Os relacionamentos também podem ser classificados com relação à temporalidade em temporais e intemporais. Os relacionamentos temporais são os relacionamentos que associam duas entidades no âmbito da dimensão temporal. Este tipo de relacionamento modela as associações das quais se necessita conhecer a validade temporal. Os relacionamentos temporais só são válidos nos momentos especificados pelos seus rótulos temporais. A validade no tempo de um relacionamento temporal sempre está contida dentro da interseção das existências das entidades associadas. Ou seja, o conjunto de pontos do tempo que define a validade de um relacionamento do tipo temporal é um subconjunto da interseção dos conjuntos de pontos que definem as existências das entidades associadas.

Os relacionamentos intemporais são os que não consideram a dimensão temporal, ou seja, se materializam no nível das perspectivas intemporais das entidades. Por exemplo, uma relação que não tem momento inicial ou final de validade é intemporal.

No caso dos atributos pode-se considerá-los temporais e intemporais na mesma lógica que as entidades e os relacionamentos.

A definição de um atributo como temporal ou intemporal considera o escopo da aplicação em questão. Por exemplo, o atributo "Nome" do aluno pode ser definido como temporal, pois seu nome pode mudar quando se casa, ou se divorcia ou por outros motivos. Mas, o armazenamento de todos os nomes e sua variação temporal não interessa à aplicação de Histórico Escolar. Mas, já em uma aplicação de Cartório, esta história do "nome" de uma pessoa deveria ser armazenada. Na aplicação de Histórico Escolar somente interessa para a instituição, o nome no instante de quando foi efetuada a matrícula, definindo-o, como intemporal.

2.6.4   Particularidades do desenvolvimento dos Modelos Temporal

Suponha a situação em que o modelo apresente a seguinte restrição: um aluno obrigatoriamente deve estar matriculado em um curso em cada momento da sua existência como aluno, não podendo estar matriculado em mais de um curso dentro da própria instituição ao mesmo tempo. Um outro requisito é a necessidade de representar as possíveis matrículas que um aluno pode apresentar ao longo do tempo, em função de sua transferência de um curso para outro.

No ER convencional não é possível especificar a restrição que determina que um aluno não pode estar matriculado em mais de um curso em cada momento do tempo. A cardinalidade "(1, N)", que aparece na ligação entre aluno e curso, especifica que um aluno deve estar associado a no mínimo um curso, podendo estar associado a mais de um, considerando-se toda a carreira acadêmica na qual este aluno pode ser transferido de curso.

A responsabilidade de tratar as restrições temporais no ER é transferida para a modelagem dinâmica, ou seja, no caso do exemplo em questão, são as transações do sistema que devem se preocupar em impedir que um aluno possa estar matriculado em dois ou mais cursos ao mesmo tempo, no caso da mesma faculdade.

Este problema deixa de existir quando se utiliza o modelo ER temporalizado. A cardinalidade que aparece na ligação entre aluno e curso agora é "(1, 1)", a qual tem o seguinte significado: um aluno participa do relacionamento "está matriculado" no mínimo uma vez e no máximo uma vez a cada momento do tempo. A vantagem de utilizar um modelo de dados temporal, no lugar de um convencional, está na sua capacidade de expressar a associação dos elementos com o tempo e de especificar as restrições decorrentes disto. Nos modelos de dados convencionais o tempo é representado por atributos comuns (datas, horas, etc.) e não estão disponíveis mecanismos para representar restrições temporais, exigindo, por consequência, que o modelador as especifique ao nível do modelo dinâmico.

Para obter um modelo com um bom tratamento temporal deve-se analisar:

1. Homogeneidade: em alguns modelos de dados, todos os atributos de uma tupla são definidos sobre os mesmos intervalos de tempo. Outros permitem atributos a serem definidos sobre diferentes intervalos de tempo, em parte para permitir produto cartesiano.

2. Agrupamento: alguns modelos requerem que tuplas de valor equivalente (aquelas com idênticos valores de atributos explícitos), sejam agrupadas se elas estão sobrepostas no tempo. Outros modelos não permitem o agrupamento de tuplas de valor equivalente.

2.7   OLTP versus OLAP: cotidiano e estratégia

As aplicações OLTP (*On-line Transaction Processing*) contemplam as transações de negócio de um sistema de informação e as armazenam no banco de dados da aplicação. Esse tipo de base de dados é utilizado em sistemas que baseados em um número relativamente fixo de transações pré-definidas (*insert, update, delete*) realizadas em tempo real e ocorrendo ao longo da utilização do sistema e de forma rápida. Os dados podem ser sobrepostos e suas alterações não são registradas. Por não tratar históricos dos dados, não há como esta base de dados ser utilizada na tomada de decisões. Outra característica é sua necessidade regular de *backup*, pois caso o banco de dados seja corrompido os dados não podem ser reaproveitados. Além disso as aplicações OLTP são utilizadas por uma grande quantidade de usuários que acessa concorrentemente coleções de dados armazenadas num repositório central ou distribuídas ao longo de poucas bases de dados.

O principal objetivo da modelagem relacional em um sistema OLTP é eliminar ao máximo a redundância, de tal forma que uma transação que promova mudanças no estado do banco de dados, atue o mais pontualmente possível. Com isso, nas metodologias de projeto usuais, os dados são fragmentados por diversas tabelas através do processo de normalização, o que traz uma considerável complexidade à formulação de uma consulta por um usuário final.

Isto posto, esta abordagem não parece ser a mais adequada para o projeto de um *data warehouse*, onde estruturas mais simples, com menor grau de normalização devem ser buscadas (KIMBALL,1998b).

Aplicações OLAP (*On-line Analytical Processing*), por seu turno, oferecem uma outra alternativa das aplicações OLTP. São geralmente operadas por um pequeno número de analistas de negócio ou executivos, numa ordem de acessos bastante inferior à de sistemas OLTP. O acesso é limitado a transações *read-only* (somente leitura), por sua vez extremamente complexas e associadas a um grande volume de dados que inclui informação histórica, recuperando muitos registros a um só tempo. A base de dados das aplicações OLAP é composta por dezenas ou centenas de tabelas fato. Consequentemente, o volume total de dados alcança a magnitude de terabytes. Além disso, ao invés de pré-definidas, essas "transações" são construídas de forma *ad-hoc* pelo usuário, com base em critérios de seleção que usam os fatos e dimensões para materializar diferentes perspectivas sobre o dado.

Considerando-se que o dado não é atualizado, permanecendo a imagem do arquivo de carga, a desnormalização e a redundância dos dados se apresentam como boa solução para otimização das consultas. Uma outra característica de aplicações de suporte à decisão é a obediência a um processo-padrão de desenvolvimento, centrado numa arquitetura em camadas que implementa funcionalidades para a recuperação, tratamento e consolidação de informações heterogêneas, comuns a todas as aplicações *data warehouse*.

Os usuários destes sistemas podem ser classificados em duas modalidades:

1. O nível operacional e o nível administrativo (vendas, compra, RH etc.) utilizam OLTP para operações que ocorrem no dia-dia da empresa.

2. O nível de conhecimento e o nível estratégico da empresa, composto por administradores, utilizam o OLAP para as tomadas de decisões e para traçar um planejamento estratégico.

A Tabela 1 resume as principais diferenças entre sistemas OLAP e OLTP.

Característica	Sistemas OLTP	Sistemas OLAP
Unidade	Transação	Dado
Número de Usuários	Alto	Baixo
Complexidade das Transações	Baixa	Alta
Natureza da Transação	Simples, Pré-Definida	Dinâmica e Complexa
Foco	Registros individuais	Milhões de registros
Tamanho das fontes	Gigabyte	Gigabyte-Terabyte
Atualidade dos dados	Valores recentes	Valores recentes e históricos
Modelo de Dados	Normalizado	Desnormalizado
Processo de Desenvolvimento	*Customizado*	Padrão
Dados	Inseridos/Alterados	Inseridos
Informação Primária	Detém o controle	Controlada por fontes externas

Tabela 1 - Características de Sistemas OLAP e OLTP.

2.8 Comparativo de metodologias

Data Warehousing é um processo de difícil condução devido às suas peculiaridades e à intrincada cadeia de fatores que têm de ser integrados e gerenciados. Nesse sentido, Vandivier (2001) argumenta que uma metodologia que forneça uma plataforma em alto nível para suporte ao projeto de bancos de dados multidimensionais é uma necessidade constante. Tal metodologia é a chave para tornar os projetos de *data warehouse* mais próximos do entendimento do usuário e garantir a independência de aspectos de implementação.

Benefícios imediatos da adoção de um processo organizado são:

1. A definição de um esquema conceitual formal, completo, e livre de ambiguidades.

2. Detecção antecipada de erros de modelagem, com redução do impacto de requisitos alocados erroneamente em fases avançadas do ciclo de vida do projeto.

3. Aplicações mais facilmente extensíveis.

Teste (2001) afirma ainda que metodologias desempenham um importante papel não somente no planejamento e na construção bem-sucedida de *data warehouses* complexos e escaláveis, mas também na sua entrega rápida.

VASSILIADIS (2000) argumenta, contudo, que, ao reler os dois livros clássicos sobre *data warehouse* (INMON, 1992; KIMBALL, 1998), *"tem-se a impressão de que eles provêm dicas e soluções para fragmentos do processo como um todo, ao invés de uma metodologia concreta para o profissional de data warehouse"*. Como consequência, os projetos tendem a focar em soluções com nítido apelo físico, otimização de consultas, integração de dados heterogêneos, manutenção de visões materializadas, dentre outros aspectos, enquanto se distanciam do correto entendimento dos requisitos do usuário. Inúmeras metodologias têm sido propostas tanto pela comunidade científica quanto pela indústria (KIMBALL *et al.*, 1998a; HUSEMANN *et al.*, 2000; MOODY e KORTINK, 2000; GOLFARELLI e RIZZI, 1999; HADDEN e KELLY, 1997; NASH e ONDER, 2002; ASCENTIAL, 2002; GOLFARELLI E RIZZI, 2002) com o intuito de prover uma visão de mais alto nível ao projeto de aplicações *data warehouse*.

Em comum essas propostas focam na concepção de um modelo organizado numa sequência de fases, que compõem um ciclo de vida completo de desenvolvimento.

Apesar de ser prática comum as abordagens caracterizarem o início do ciclo de desenvolvimento como uma fase de Levantamento ou de Análise de Requisitos é possível afirmar que que estas falham em seu objetivo maior ao oferecer um processo pouco consistente (não sistemático) de análise dos requisitos de negócio que irão nortear a construção da aplicação. Ambiguidades, conflitos e omissões em requisitos não são tratados adequadamente, enquanto questões relacionadas à implementação do *warehouse* são elevadas a um primeiro plano, sem antes haver um entendimento sólido dos objetivos do usuário. Técnicas informais de elicitação, documentação, análise e validação de requisitos (não necessariamente em todas essas categorias) desempenham um papel mais ou menos significativo nesse momento, variando de acordo com a abordagem (PAIM *et al.*, 2002). Todavia, mecanismos para o gerenciamento preciso e controlado dos requisitos não são contemplados.

O foco se concentra, via de regra, no projeto de uma arquitetura multidimensional robusta o bastante para acomodar toda a carga de dados operacionais, com uma boa performance de acesso. KIMBALL (1998) afirma, contudo, que os requisitos de negócio dos usuários influenciam quase toda decisão tomada ao longo da implementação do *data warehouse*. Ainda segundo este, o modelo de requisitos determina "o quê" deve estar disponível no *data mart*, como essa informação deve estar organizada e em que periodicidade. Mesmo arquiteturas robustas podem ser seriamente afetadas por mudanças nos requisitos do *data mart*, o que requer um alto nível de gerenciamento. Assim, uma boa especificação de requisitos é a chave para o desenvolvimento de aplicações *data warehouse* de qualidade.

A proposta do PDW é uma abordagem metodológica para o desenvolvimento de *data warehouses* que suplanta as deficiências das metodologias analisadas, por meio da incorporação de técnicas de Engenharia de Requisitos e de UML ao processo de *data warehousing*.

A seguir, reúne-se algumas metodologias conhecidas para desenvolvimento de plataformas *data warehouse*. A análise está presente em diversos trabalhos acadêmicos e, aqui, tem um objetivo balizador em relação ao PDW.

2.8.1 BDL - Business Development Lifecycle

Criada por KIMBALL *et al.* (1998a), a metodologia apresenta um *framework* conceitual que descreve uma sequência de etapas de alto-nível requeridas para o projeto, desenvolvimento e implantação efetivos de um *data warehouse*. O ciclo de vida proposto tem início com o planejamento do projeto. Nessa etapa são definidos o escopo da aplicação, os critérios de validação e a oportunidade de negócio que justifica sua implementação. KIMBALL *et al.* (1998a) acredita que a probabilidade de sucesso de um projeto *data warehouse* é consideravelmente aumentada se um entendimento consistente dos requisitos dos usuários é estabelecido.

Em seguida, uma etapa de definição dos requisitos de negócio é proposta em que o objetivo principal é alcançar o entendimento dos requisitos de negócio que motivam a construção do *data warehouse* e traduzi-los para considerações de projeto. A fase subsequente de modelagem dimensional constrói, a partir dos requisitos levantados, um modelo multidimensional que implementa as necessidades estratégicas dos usuários e garante extensibilidade ao *warehouse*.

As demais fases que integram o *framework* tratam de aspectos relacionados com a implementação física do modelo multidimensional, definição da infraestrutura para suporte aos processos de ETL e implantação do *data warehouse*. Em relação a metodologias similares, a abordagem de KIMBALL *et al*. (1998a) se destaca nos seguintes pontos:

1. Separação entre requisitos de negócio e projeto físico da aplicação.
2. Busca da conformidade de requisitos multidimensionais comuns com o modelo corporativo.
3. Uso de sessões de entrevista e reuniões para elicitar, analisar e negociar requisitos de *data mart*.

Entretanto, a gestão dos requisitos não provê meios para a gerência eficiente dos requisitos coletados, particularmente no que tange a mudanças de escopo. Os modelos (*templates*) de artefato propostos para documentação dos requisitos apresentam um baixo nível de abstração em detrimento de uma representação detalhada de aspectos funcionais e não-funcionais do *data warehouse*. Ademais, a metodologia não descreve de forma clara como a multidimensionalidade do modelo é extraída a partir dos requisitos do negócio.

2.8.2   Golfarelli e Rizzi

GOLFARELLI e RIZZI (1999) propõem um *framework* genérico para o projeto de *data warehouse*, estruturado ao longo de seis fases:

3. Análise do sistema de informação origem.
4. Especificação de requisitos
5. Projeto conceitual.
6. Refinamento e validação do esquema conceitual. Projeto lógico.
7. Projeto físico.

A fase de análise trata de um aspecto bastante peculiar a projetos de *data warehouse*, comparadas a aplicações convencionais: a existência de documentação a *priori* sobre a fonte provedora de dados. A referida documentação é analisada conjuntamente por projetistas e equipe do sistema provedor, para produzir os esquemas de integração iniciais. Esses esquemas tornam-se entrada para a fase de especificação de requisitos, em que as necessidades do usuário são depuradas, produzindo como saída uma especificação preliminar de fatos e dimensões.

Do ponto de vista gráfico, um esquema multidimensional é elaborado a partir da especificação preliminar, durante a fase de projeto conceitual, para acomodar definições sobre a natureza de dimensões, métricas, hierarquias e atributos pertinentes ao *data mart*. Na etapa de refinamento e validação, um conjunto inovador de expressões para instância de fato permite determinar se o modelo hierárquico gerado atende a todas as necessidades de consulta e agregação de dados do *data mart*. O projeto lógico subsequente recebe como entrada o esquema dimensional validado e produz um esquema multidimensional suficientemente capaz de otimizar as consultas a serem operadas sobre o repositório. A sexta e última etapa do processo de desenvolvimento envolve a conversão da visão lógica dos dados para um projeto físico mais adequado à implementação no banco de dados, onde considerações sobre os índices a serem adotados desempenham importante papel.

O trabalho de Golfarelli e Rizzi traz a definição de um *framework* completo, que contempla todas as fases do desenvolvimento de um *data warehouse*, apoiado num modelo conceitual formal para *data warehouse*s denominado *Dimensional Fact Model* (GOLFARELLI *et al.*, 1998). A consistência das fases de projeto (conceitual, lógico e físico), todavia, não se reflete na fase de especificação de requisitos, eminentemente centrada na elicitação de requisitos, sem o apoio de um procedimento sistemático. A determinação de fatos e dimensões que compõem o modelo depende da experiência de administradores de bancos de dados e engenheiros de software, não sendo estabelecida uma ligação entre requisitos multidimensionais e necessidades de negócio dos usuários. Este *framework* apresenta como principais lacunas a abordagem insuficiente sobre a documentação e o gerenciamento dos requisitos de negócio.

2.8.3   CDWD - *Conceptual Data Warehouse Design*

HUSEMANN *et al.* (2000) apresentam uma metodologia para projeto multidimensional intitulada *Conceptual Data Warehouse Design* (CDWD) baseada na modelagem tradicional de bancos de dados (BATINI *et al.*, 1992). A exemplo de Golfarelli e Rizzi (1999), os autores defendem um estudo de modelagem conduzido numa sequência de passos, que vão da análise e especificação de requisitos, ao projeto físico do banco.

O enfoque maior, contudo, está nas fases de levantamento de requisitos e projeto conceitual. Estas fases são consideradas como "as partes mais importantes" do projeto de *data warehouse*, e têm a função de derivar o esquema de dimensões, métricas e hierarquias que formará a base da aplicação. Para tanto, o modelo fornece:

1. Diretrizes para a modelagem de um bom esquema de dados e restrições de integridade dentro de um contexto multidimensional,

2. Um formalismo gráfico que captura apropriadamente a distinção entre atributos e propriedades num nível dimensional; e, finalmente,

3. Uma aplicação direta dos benefícios demonstrados em LEHNER *et al.* (1998) sobre o uso de Formas Normais Multidimensionais (FNM) no projeto de *data warehouse*, para garantia de corretude nos resultados das agregações.

O projeto conceitual utiliza uma representação tabular dos requisitos multidimensionais coletados, além de informações suplementares (restrições de integridade, requisitos derivados) adicionadas informalmente.

A contribuição principal do modelo CDWD é apresentar técnicas algorítmicas bem elaboradas para obtenção dos produtos da fase de projeto conceitual, algebricamente fundamentadas nas dependências funcionais entre atributos, e na teoria de Formas Normais Multidimensionais. O resultado é um esquema multidimensional livre de anomalias de agregação, que assegura a eficiência necessária às consultas analíticas.

Os autores propõem uma abordagem para evidenciar os níveis de agregação entre métricas e dimensões. Quatro níveis são definidos:

1. Nível 1, todas as operações de agregação são possíveis (soma, média, desvio padrão, máximo, mínimo, variância, contar).

2. Nível 2, todas as operações fazem sentido, exceto a soma de valores.

3. Nível 3, apenas a operação contar faz sentido.

4. Nível 4, a métrica não pode ser agregada na dimensão.

Mesmo assim, o modelo CDWD não garante que o esquema resultante reflita as reais necessidades de suporte à decisão do usuário. Problemas surgem quando, na prática, o esquema multidimensional desejado não garante que todas as métricas sejam funcionalmente dependentes dos mesmos níveis terminais de dimensão, métricas residuais como "saldo devedor" ou discretas como "condição do tempo", ocasionando a estratificação do esquema em inúmeras tabelas fato, o que pode afetar sua performance e representatividade, a situação se agrava em esquemas do tipo "Constelação". Ademais, o entendimento dos requisitos de negócio, o impacto de mudanças nos atributos e regras dimensionais e o uso de técnicas confiáveis para a coleta e análise desses requisitos, dentre outros aspectos fundamentais para o sucesso do projeto, não são explorados pelo modelo.

2.8.4 *ITERATIONS*

Iterations (ASCENTIAL, 2002) é um produto da empresa Ascential Software (antiga Prism Solutions Inc.) e é inspirado nas ideias de Bill Inmon (INMON, 1996), às quais foram somadas as experiências adquiridas nos mais de 400 projetos *data warehouse* implementados pela empresa ao redor do mundo.

O *Iterations* disponibiliza ferramental para um processo de desenvolvimento repetível e organizado em módulos (Figura 9). As atividades requeridas para a execução completa de um módulo são identificadas com seus respectivos artefatos de saída. Os módulos são agrupados na forma de Trilhas, ou em Fases. As trilhas representam conjuntos distintos de módulos que devem ocorrer em paralelo, ao longo do ciclo de desenvolvimento. As fases representam um agrupamento progressivo de módulos e são usadas para monitorar e gerenciar os projetos. Os papéis para cada integrante da equipe são definidos e seus inter-relacionamentos referenciados no ciclo de vida. Em trabalhos usuais os módulos são encerrados antes do início de uma fase subsequente, e um *checkpoint* é executado para revisar e garantir a completude de todos os artefatos de entrega e tarefas associadas.

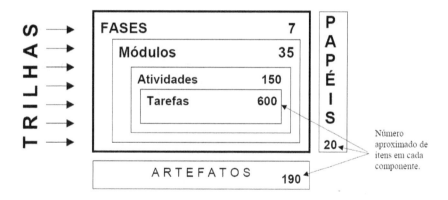

Figura 9 - *Framework* do método ITERATIONS.

O *Iterations* traz algumas inovações para a especificação de requisitos e para o projeto de um projeto d*ata warehouse*:

1. Uma Trilha dedicada à análise dos requisitos de negócio, negociação de escopo e definição de critérios de aceitação.
2. Papéis bem definidos.

3. *Templates* de artefatos para registro de requisitos multidimensionais identificados.

4. *Checklists* (listas de verificação) para cada uma das atividades.

5. Definição de um idioma comum para todos os envolvidos no projeto; dentre outros fatores.

O processo proposto, contudo, ainda é muito voltado à especificação de esquemas conceituais otimizados, prescindindo de uma visão de requisitos de mais alto nível. Apesar da boa integração entre trilhas de requisitos e o projeto conceitual, as atividades e técnicas que permeiam esses caminhos não capturam de forma adequada aspectos importantes tais como:

1. A interação entre usuários e repositório de dados.

2. Requisitos de qualidade da aplicação.

3. Necessidades estratégicas e funcionalidades correlatas.

A metodologia também não provê suporte à gerência de mudanças e à priorização de requisitos do *data mart*.

2.8.5   Método Hadden-Kelly

Hadden-Kelly (HADDEN e KELLY, 1997) é uma metodologia que foi proposta por Earl Hadden e Sean Kelly e é centrada na construção rápida de *data warehouses/data marts*, com refinamento posterior da infraestrutura tecnológica, regras de negócio, processo de ETL e requisitos de negócio do usuário.

Os resultados de cada fase são realimentados no modelo para a melhoria progressiva de novas versões intermediárias. O método é proposto em quatro fases:

1. Preparação, na qual define-se o "caminho ótimo" composto pelos fundamentos de negócio, ambiente técnico, disponibilidade e qualidade do dado. Recursos necessários para

a construção do *data warehouse/data mart*. Como saída, essa etapa apresenta um Plano de Ação para a organização.

2. Planejamento, focado em objetivos, dados e áreas específicas de negócio que serão alvo do *data warehouse*. Um Plano de Implementação descrevendo as atividades de construção do projeto é preparado e prioridades são atribuídas de acordo com a importância dos *data marts* para a estratégia de negócio.

3. Construção, correspondendo à implementação de um data mart (e/ou parte do *data warehouse*) que atenda a um objetivo particular de negócio. Inclui o mapeamento de dados operacionais para o modelo do *warehouse*, definição e geração de programas de extração e transformação, controle de qualidade dos dados, dentre outras atividades.

4. Operação, caracterizada pela condução de atividades de backup e recuperação de dados, monitoração de performance, e melhoria do processo com base nos *feedbacks* obtidos.

A abordagem flexibiliza o gerenciamento de mudanças em requisitos, reduzindo o impacto de suas alterações durante o processo de desenvolvimento. A fase de Preparação trabalha articulada com a de Planejamento para identificar um escopo bem definido do projeto. Contudo, observa-se um foco maior na gerência do projeto em contraposição à gerência dos requisitos de *data mart*. Tanto essa atividade, quanto a coleta e a validação dos requisitos, não são apoiadas por uma sistemática específica, o que é agravado pela forte influência de fatores implementacionais, reflexo da ausência de uma visão de requisitos de mais alto nível.

2.8.6 Quadro comparativo

Tomando-se como foco de comparação a engenharia de requisito presente nas metodologias é possível afirmar que a maior parte das metodologias procura fornecer meios para a elicitação e documentação dos requisitos do d*ata warehouse*, com uma ênfase maior na modelagem de aspectos mais diretamente relacionados ao domínio multidimensional, tais como hierarquias multidimensionais e aditividade de fatos. Métodos como *ITERATIONS* (ASCENTIAL, 2002) apresentam uma boa cobertura das fases do ciclo tradicional de requisitos.

Quando o foco é o processo de documentação e validação dos produtos intermediários é possível afirmar que todas as metodologias consideram este processo como subproduto de menor importância com grande prejuízo para a manutenção futura do produto gerado. Fica o sentimento de que a gerência de requisitos supre as lacunas geradas pela pouca ênfase na documentação, mas os requisitos também não são suficientemente gerenciados, pois as abordagens analisadas apresentam técnicas que tratam apenas parcialmente os esforços de elicitação, análise, documentação e validação de requisitos requeridos em projetos de d*ata warehouse*.

Em particular, as técnicas sugeridas para especificação de requisitos funcionais e não-funcionais não delineiam de maneira completa e precisa requisitos do tipo necessidades, funcionalidades, conhecimento do negócio, fatores de qualidade, dentre outros essenciais a um bom projeto da aplicação. Adicionalmente, requisitos organizacionais como *papéis*, responsabilidades e metas de projeto são tratados por apenas duas (uma delas de forma parcial) das abordagens consideradas. A despeito da preocupação com a separação entre requisitos e aspectos implementacionais, uma especificação em alto nível do *data mart* somente é obtida (mesmo que parcialmente) na abordagem de Kmball *et al*. (1998a).

A sumarização da comparação está organizada na Tabela 2.

	Hadden-Kelly	Kimball et al. (BDL)	Golfarelli e Rizzi	Hüsemann et al. (CDWD)	ITERATIONS®	PDW
Boas Práticas em Engenharia de Requisitos						
Processo Iterativo com refinamentos sucessivos	✓	✓			✓	✓
Gerenciamento de Mudanças em Requisitos	P					✓
Modelagem de Aspectos Organizacionais	P				✓	✓
Técnicas de Elicitação de Requisitos		P	P	P	P	✓
Técnicas de Análise & Negociação dos Requisitos		P			P	✓
Técnicas de Documentação dos Requisitos		P		P	P	✓
Técnicas de Validação dos Requisitos			P		P	✓
Especificação do Sistema em Alto Nível		P				✓
Modelo de Requisitos Detalhado						✓
Separação entre Requisitos e Aspectos Implementacionais	P	✓		P	P	✓
Práticas de Requisitos recomendadas para sistemas DW						
Planejamento da Gerência de Requisitos	P	P			P	✓
Modelagem de Hierarquias Múltiplas			✓	✓		✓
Modelagem da Aditividade dos Fatos		✓	✓	✓		✓
Modelagem da Cardinalidade das dimensões		✓				✓
Conformidade de Requisitos Multidimensionais		✓				✓
Conformidade de Requisitos Funcionais		✓				✓

Legenda: ✓ = atende completamente (ou em sua maior parte) à prática; **P** = atende apenas parcialmente à prática; **Brancos** = não atende à prática.

Tabela 2 - Quadro comparativo entre o enfoque de requisitos das metodologias analisadas e a abordagem proposta na Metodologia PDW (adaptado de PAIM, 2003).

A metodologia proposta, o PDW, trata as deficiências citadas oferecendo um arcabouço de técnicas, artefatos e procedimentos que possibilitam uma definição precisa e em alto nível dos requisitos do *data warehouse*. Em comum com as demais metodologias, esta abordagem apresenta um processo iterativo de análise e especificação dos requisitos, por meio de refinamentos sucessivos interplataformas (áreas de recebimento, *stage* e *data warehouse*), procedimentos e artefatos para a definição de requisitos multidimensionais e a preocupação com o planejamento da gerência dos requisitos do *data mart* e a documentação do produto. Apesar de a proposta ser extensa ela pode ser personalizada de acordo com o escopo do projeto.

2.9   Modelagem de entidade e relacionamento

Ao modelar os elementos persistidos em um *data mart* o analista elabora cenários da realidade, visando adequá-la às limitações do ambiente. Independente da metodologia utilizada entende-se que sempre se constrói modelos conceituais para em outra etapa implementá-los em modelos físicos. Na elaboração do modelo conceitual identificam-se a área focal da modelagem e os componentes sobre os quais se deseja armazenar e recuperar informações. Deve-se relatar o maior nível de detalhes possível a respeito do problema, cuidando-se para não se perder a objetividade.

O modelo conceitual é um recurso valioso para a análise do sistema transacional, baseado em símbolos padronizados, que expressa, graficamente, os conceitos do mundo real delineados na identificação dos requisitos funcionais do sistema. A utilização de uma simbologia padronizada torna a linguagem mais precisa, o que facilita a comunicação entre os integrantes da equipe de desenvolvimento, especialmente, entre analistas e usuários.

O produto dessa análise deve ser um Modelo de Entidade e Relacionamento (MER) que contempla a visão dos dados com alto nível de abstração, ou seja, voltado para o mundo real e ignora os detalhes do ambiente operacional, como, por exemplo, o software e hardware no qual o sistema será implantado.

Neste nível da modelagem, deve-se ressaltar os aspectos mais relevantes do problema, ou seja, representa-se as principais entidades, relacionamentos, estruturas de dados e integração com outros sistemas.

O MER foi proposto originalmente por Peter Chen em 1976. Seu objetivo, ao publicar esse trabalho, era consagrar um método eficiente para representar os dados e ressaltar a diferença entre as estruturas suportadas pelos SGBDs hierárquicos, em rede e relacionais. Atualmente o MER tem sido utilizado para representar a visão dos dados no projeto de banco de dados.

A proposta original de Chen evoluiu pela contribuição de diversos autores, que procuraram atribuir maior capacidade semântica ao MER, o que gerou as chamadas extensões. As extensões ao MER possibilitam representar o mundo real com maior riqueza de detalhes. Por outro lado, elas provocaram a diversificação dos padrões de notação e terminologia, contrastando com a proposta original de simplicidade e acarretando problemas para a disseminação da cultura.

A principal vantagem do MER é a simplicidade. O Modelo de Entidade e Relacionamento possui apenas três componentes básicos: entidade, atributo e relacionamento (e seus respectivos símbolos para diagramação).

Este modelo é usado para modelar os *sistemas origem* do projeto de *data warehouse*, as áreas de recebimento e de *stage* do PDW.

2.9.1 Entidade

A entidade é a representação genérica de um componente do mundo real, sobre o qual desejamos persistir dados. Elas podem representar coisas tangíveis (pessoal, material, patrimônio, etc.) ou intangíveis (eventos, conceitos, planos, etc.).

Para representar graficamente uma entidade emprega-se um retângulo identificado por um substantivo (simples ou composto) como exemplificado na Figura 10.

Figura 10 – Representação gráfica de entidade

A literatura não consagra um padrão para a atribuição de nomes a entidades, mas para um mínimo de padronização, aconselha-se observar as seguintes regras:

- Nomes breves e objetivos que identifiquem facilmente o conteúdo da entidade;

- No singular, já que a pluralidade decorre, naturalmente, do número de ocorrências (linhas / tuplas), característica própria de toda entidade.

- Nomes compostos separados por hífen, eliminando-se o uso de preposições ou outros termos de ligação.

- Evitar abreviação de nomes. Se necessário, ampliar o tamanho da figura representativa da entidade.

2.9.2 Atributo

Os atributos são os dados que se deseja persistir sobre uma entidade, para atender às necessidades de informações demandadas pelos requisitos funcionais. Constituem o que se pode relacionar como próprio (propriedade) da entidade e que, de alguma forma, estejam contidos no escopo do problema em análise. Os atributos qualificam e distinguem as entidades no MER.

Em relação ao banco de dados, os atributos representam as colunas, que formam a estrutura de dados das tabelas. As colunas armazenam um valor para cada linha. Esse valor armazenado é designado por valor de atributo.

O conjunto de valores de atributos, distintos por um identificador único (chave primária) denomina-se instância. Esse conceito é análogo ao de linha (tupla) em tabela relacional e de registro em arquivo convencional.

Pode-se exprimir os atributos no MER, conforme mostrado na Figura 11.

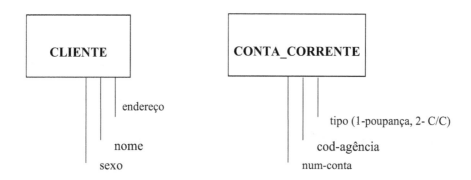

Figura 11 – MER e atributos

Cabe observar que a representação de atributos no MER pode "poluir" o gráfico, comprometendo sua objetividade e visão contextual. Esse recurso deve ser reservado para situações especiais, em que se queira destacar um atributo, por considerá-lo elucidativo para o contexto.

2.9.3 Relacionamento

O relacionamento representa a relação existente entre entidades presentes em um MER. É representado por uma linha conectando as entidades envolvidas. Possui nome, cardinalidade e opcionalidade.

Peter Chen utiliza um losango para representar o relacionamento entre entidades, porém, a experiência demonstra que o uso dessa notação contribui para "poluir" o gráfico e não produz resultado prático, exceto em casos de relacionamentos que envolvam mais de duas entidades (relacionamento múltiplo - modelo conceitual).

A cardinalidade constitui um indicativo genérico da quantidade de ocorrências (máxima e mínima) de cada entidade envolvida no relacionamento. É expressa por sinais (flechas, pés-de-galinha, números, letras, etc..), que são grafados sobre a linha do relacionamento, nas duas extremidades do mesmo.

2.10 UML

As linguagens fornecem um vocabulário e as regras para a combinação de palavras desse vocabulário com finalidade de comunicar algo. Uma linguagem de modelagem é a linguagem cujo vocabulário e regras têm seu foco voltado para a representação conceitual e física de um *data mart*.

O vocabulário e regras de uma linguagem de modelagem indicam como criar e ler modelos, mas não apontam quais modelos deverão ser criados, nem quando você deverá criá-los. Essa tarefa cabe ao processo de desenvolvimento de software. Um processo bem definido servirá como guia para decidir quais artefatos serão produzidos, quais atividades e trabalhadores serão escolhidos para gerenciá-los e como estes artefatos serão empregados para medir e controlar o projeto como um todo.

A *Unified Modeling Language* (UML) (RATIONAL, 1997) é uma linguagem cujo objetivo é especificar, visualizar, construir e documentar sistemas orientados a objetos bem como modelagem de negócio. A UML é o resultado de um trabalho de unificação dos principais conceitos de modelagem das linguagens de vários métodos como o de Booch (1991, 1994), Rumbaugh (1994), Jacobson (1992) e incorporou idéia de vários autores como Coad *et al.* (1991,1992), Coleman *et al.* (1994), Wirfs-Brock *et al.* (1989, 1990), Yordon (1989) entre outros.

A UML (Booch *et al.*, 1999, 2000) surgiu da necessidade de se ter uma linguagem de modelagem rigorosa, capaz de especificar sistemas complexos. A UML define um conjunto de semânticas e notações que podem se adequar aos vários domínios de aplicações. A UML se concentra na padronização de uma linguagem de modelagem e não na padronização de um processo de desenvolvimento de software. Entretanto a UML deve ser adotada no contexto de um processo. A independência da linguagem em relação ao processo é um ponto positivo, segundo seus autores, tendo em vista que organizações diferentes, com diferentes domínios de aplicações, requerem processos diferentes. Assim, cabe ao processo prescrever quais conceitos e notações da UML são necessários para uma aplicação. Essa prescrição leva em conta, por exemplo, o domínio e o nível de complexidade da aplicação.

A UML pode ser usada para:

- Mostrar as fronteiras de um *data mart* e suas funções principais utilizando atores e casos de uso.

- Ilustrar a realização de casos de uso com diagramas de interação.

- Representar uma estrutura estática de um *data mart* utilizando diagrama de classe.

- Modelar o comportamento de objetos com digrama de transição de estado

- Revelar a arquitetura de implementação física com diagramas de componentes e implementação.

- Estender sua funcionalidade através de estereótipos.

A UML dispõe de regras semânticas para:

- Nomes: quais nomes podem ser atribuídos a coisas, relacionamentos e diagramas.

- Escopo: o contexto que determina um significado específico para um nome.

- Visibilidade: como esses nomes podem ser vistos e utilizados pelos outros.

- Integridade: como os itens se relacionam entre si de forma adequada e consistente.

- Execução: o que significa executar ou simular um modelo dinâmico.

Devido a suas inúmeras qualidades a UML é a linguagem de modelagem adotada no PDW.

2.10.1 Diagramas da UML

Os diagramas são conceitos que traduzem a possibilidade de agrupar elementos básicos e suas relações de uma forma lógica ou de uma forma estrutural. Há diferentes tipos de diagramas em UML. Em cada tipo de diagrama é usado um subconjunto de elementos.

Com base nos princípios de modelagem, em que nenhum modelo é suficiente por si só e que qualquer sistema não-trivial é melhor representado através de pequeno número de modelos razoavelmente independentes, a UML define diferentes tipos de diagramas, cuja utilização e aplicação permitem visões complementares.

Os cinco grupos de diagramas da UML oferecem 5 formas diferentes de ver o mesmo problema, que pode ser analisado em diferentes perspectivas.

a) Diagramas de Caso de Uso

- Diagramas de caso de uso
- Descrição de casos de uso

b) Diagramas de estrutura estáticos

- Diagrama de classes
- Diagrama de objetos

c) Diagramas de interações

- Diagrama de sequência
- Diagrama de colaboração

d) Diagramas de estado

- Diagrama de estado
- Diagramas de atividades

e) Diagrama de implementação

- Diagrama de pacotes
- Diagrama componentes
- Diagrama de distribuição ou implementação

Diagramas de casos de uso representam a visão do sistema na perspectiva do seu usuário. Diagramas de classes permitem especificar a estrutura estática de um sistema segundo a abordagem orientada a objetos.

Diagramas de interação entre objetos (diagramas de sequências e diagramas de colaboração) e diagramas de transição de estados e diagramas de atividades permitem especificar a dinâmica ou o comportamento de um sistema segundo a abordagem orientada a objetos.

Diagramas de componentes e diagramas de instalação são úteis para se elaborar uma visão da disposição dos componentes físicos, software e hardware, de um sistema.

Estes diagramas são utilizados preferencialmente na fase de especificação de requisitos e na modelagem de processos de negócio. E são equivalentes aos existentes no método OOSE (*Object-Oriented Software Engineering*) de Ivar Jacobson (1992).

É utilizado para descrever a funcionalidade do sistema percebida por atores externos. Um ator interage com o sistema podendo ser um usuário, dispositivo ou outro sistema.

2.10.1.1 Diagramas de caso de uso

A modelagem de um diagrama de caso de uso é uma técnica usada para descrever e definir os requisitos funcionais de um sistema. Eles são escritos em termos de atores externos, casos de uso e o sistema modelado. Os atores, Figura 12, representam o papel de uma entidade externa ao sistema como um usuário, um hardware, ou outro sistema que interage com o sistema modelado. Os atores iniciam a comunicação com o sistema através dos casos de uso, onde o caso de uso representa uma sequência de ações executadas pelo sistema que recebe do ator, que o utiliza, dados tangíveis de um tipo ou formato já conhecido e cujo valor de resposta da execução também já é de um tipo conhecido. Tudo isso é definido juntamente com o caso de uso através de texto de documentação.

Figura 12 - Ícones para representar atores

O diagrama de Casos de Uso está presente durante todo o ciclo de vida da aplicação (da especificação aos testes). Na fase de análise, constrói-se diagramas de casos de uso para capturar, esclarecer e validar os casos de uso possíveis do sistema. Nessa fase, são determinados os casos de uso e são filtrados aqueles que não dizem respeito à aplicação. Na fase de projeto e implementação, os casos de uso podem ser usados como base para diagramas de classe e de objetos. É nesse ponto que se começa a transição do "o que fazer" para "como fazer".

Na fase de testes os Casos de Uso devem ser usados como um guia, determinando o que deve ser verificado, pois os diagramas de Casos de Uso são os responsáveis por dizer "o que" o sistema deve fazer. Os testes devem verificar se o sistema faz o que foi especificado.

Atores e casos de uso são classes. Um ator é conectado a um ou mais casos de uso através de associações, e tanto atores quanto casos de uso podem possuir relacionamentos de generalização que definem um comportamento comum de herança em superclasses especializadas em subclasses.

A utilização do diagrama de caso de uso, exemplificado na Figura 13, em colaborações é muito importante, já que estas representam a descrição de um contexto mostrando classes/objetos, seus relacionamentos e suas interações, exemplificando como as classes/objetos interagem para executar uma atividade específica no sistema. Uma colaboração é descrita por diagramas de atividades e um diagrama de colaboração.

Quando um caso de uso é implementado a responsabilidade de cada passo da execução deve ser associada às classes que participam da colaboração especificando as operações necessárias dentro destas classes juntamente com a definição de como elas irão interagir. Um cenário é uma instância de um *use-case*, ou de uma colaboração, mostrando o caminho específico de cada ação.

As seguintes interações são importantes em um diagrama de caso de uso:

- Comunicação: Um ator comunica-se com o caso de uso, assim, cada participação sua é mostrada conectando-se o símbolo de ator ao símbolo de caso de uso.

- Extensão: Extensões são frequentemente usadas para mostrar comportamento de exceção e casos especiais que aumentariam a quantidade de casos de uso no modelo. O caso de uso B estende o caso de uso A quando B representa uma situação opcional ou de exceção, que normalmente não ocorre durante a execução de A. Esta notação pode ser usada para representar fluxos alternativos ou anormais complexos. O caso de uso "estendido" é referenciado nas pré-condições do caso de uso "extensor".

- Inclusão: Quando um número de casos de uso tem um comportamento comum, esse comportamento pode ser modelado em um simples caso de uso que é utilizado por outros casos. O caso de uso A inclui o caso de uso B quando B representa uma atividade complexa, comum a vários casos de uso. Esta notação pode ser usada para representar subfluxos complexos e comuns a vários casos de uso. O caso de uso "incluído" é referenciado no fluxo do caso de uso "incluidor".

No exemplo da Figura 13 "Requisitar catálogo do pedido" estende "Coloca pedido" e "Colocar pedido" inclui "Pedir produto".

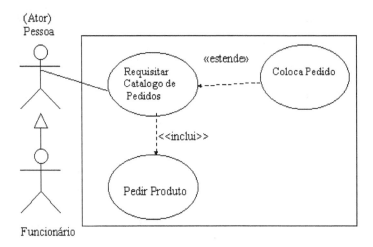

Figura 13 - Exemplo de caso de uso.

Algumas regras podem ser seguidas no processo de modelagem dos requisitos e montagem do diagrama de casos de uso:

- Identificar os Atores do sistema

    a) Quem se interessa por certo requisito

    b) Onde o produto será usado

    c) Quem se beneficia do produto

    d) Quem fornece ou usa a informação do produto

    e) Recursos externos usados pelo produto

    f) Com quais sistemas deve interagir

- Para cada ator, considerar o comportamento esperado ou desejado do sistema;

- Nomear os comportamentos como Casos de Uso;

- Fatorar os casos de uso (*Include - Extend*);

- Modelar os casos de uso, atores e seus relacionamentos;

- Adornar os casos de uso com notas que estabelecem requisitos não funcionais.

2.10.1.2 Caso de uso e *Data Warehouse*

Uma situação recorrente no processo de elicitação de requisitos de um sistema de informação é aquela em que os analistas, que entrevistaram os *stakeholder*s e seus usuários, escrevem os requisitos do sistema de forma informal ou com pouca precisão devido à proximidade entre equipes de projeto.

Quando estes requisitos são repassados à equipe de projeto do *data mart* os analistas da equipe de *data warehousing* encontram muita dificuldade em compreender a terminologia da área de negócio e, também via de regra, consideram a descrição dos requisitos muito informal para utilização no projeto. Assim, faz-se necessário que a equipe de *data warehouse* reescreva as especificações do projeto de *data mart* a partir de um ponto de vista mais técnico.

O desafio é modelar um *data mart* de uma forma que seja ao mesmo tempo precisa e *user-friendly*. Cada artefato que integra o processo de análise do *data mart* deve ser intuitivo para o usuário e definir a semântica, de modo que os desenvolvedores possam utilizá-los como um *road map* para a execução bem-sucedida do projeto.

Os casos de uso, no PDW têm a função de registro visual da especificação completa e intuitiva do *data mart*, que se pretende que seja satisfatória e compreensível para todas as partes envolvidas.

Os casos de uso têm duas vantagens que os tornam adequados para a representação dos requisitos para um projeto de *data warehouse:*

1. São parte do padrão UML e, portanto, são geralmente aceitos como um padrão de notação na comunidade de engenharia de software e,

2. Podem ser usados de um modo geral, quando detalhes de implementação são completamente suprimidos.

A construção de um *data warehouse* difere do desenvolvimento dos *data mart*s transacionais, em que o processo de análise de requisitos é suportado por vários métodos Coad *et al*. (1991), Pohl (1993, 1996), Jackson (1995), Paim (2003), Castro (1995), Castro *et al*i (2001, 2002). Até o momento, o processo de desenvolvimento de *data warehouse* não tem um método formal de análise de requisitos para se apoiar embora existam algumas abordagens para levantamento de requisitos.

Inmon (1996) argumenta que o ambiente de *data warehouse* é orientado a dados, em comparação com os *sistemas* clássicos, que são orientados a requisitos, e que seus requisitos são compreendidos apenas após o *data* mart ser populado com os dados do sistema origem e estiver sendo utilizado para apoio à decisão. Ainda segundo o autor, os analistas de *data warehouse* derivam o modelo de dados transferindo a base de dados do sistema origem para a plataforma do *data warehouse* e o modificam de acordo com fatores de desempenho para derivar o modelo dimensional.

Entretanto, considera-se que esta abordagem e de outros autores que tratam do assunto apresenta muitas falhas no que concerne a maximizar o potencial de informação das bases de dados dos sistemas origem. Assim, o PDW propõe uma abordagem orientada a processos, pois o autor do PDW acredita que esta abordagem tende a produzir resultados com maior chance de sucesso em satisfazer as necessidades do usuário.

Requisitos de uma plataforma *data warehouse* determinam o seu comportamento funcional, as informações disponíveis, as possibilidades de agregação, cálculo e organização para apresentação. Os requisitos permitem aos *stakeholders* comunicar o propósito, estabelecer a direção e definir as expectativas e metas de informação.

Ao se detalhar o requisito funcional em casos de uso acontece desta documentação falhar em fornecer detalhes suficientes sobre a funcionalidade para os codificadores e sobre as informações que devem ser disponibilizadas. É fato que poucos casos de uso têm sua descrição completa o suficiente e muitos detalhes, que são parte relevante das necessidades dos usuários, podem se perder.

Cada caso de uso trata um certo número de requisitos do projeto e tem o potencial de auxiliar o analista de *data warehouse* a realizar bem seu trabalho, mas um bom número deles necessitará explicitar um sem número de detalhes. Para reduzir o esforço na especificação destes casos de uso sugere-se que sejam definidas regras para garantir a qualidade do dado utilizado como entrada para estes casos de uso.

Entretanto, considera-se uma boa prática que a escolha de qual requisito se torne um caso de uso seja definida pela equipe de projeto. Esta escolha, ao fim e ao cabo, é dependente do quanto a equipe de projeto tem condições de executar a concepção, a construção e os testes a partir da documentação dos casos de uso originados dos requisitos.

As atividades de refinamento dos requisitos são precisas, completas e, ao final, demonstram os resultados desejados no *data mart*. Tais requisitos refinados, quando bem trabalhados em casos de uso, tendem a produzir resultados de projeto corretos.

A especificação dos casos de uso deve assegurar que:

1. Os casos de uso descrevam o comportamento que se espera do *data mart* e suas características.
2. Os casos de uso sejam derivados corretamente dos requisitos de negócio do usuário.
3. Os casos de uso sejam completos e de alta qualidade.
4. Os casos de uso sejam consistentes.
5. Os casos de uso forneçam uma base adequada para prosseguir com o projeto e a implementação da plataforma de data warehouse.

Para a especificação de casos de uso de *data warehouse*, sugere-se uma abordagem incremental e iterativa. A abordagem incremental considera tratar lotes de casos de uso em lugar de assumir que todos os artefatos devem ser concluídos no mesmo tempo. A abordagem iterativa trata o refinamento dos casos de uso através de iterações.

Não há como estabelecer regras de como este tipo de decisão deve acontecer, mas, concordando com Kulak and Guiney (2000), sugere-se seguir cinco passos lógicos para a completa especificação dos casos de uso de um projeto conforme a Tabela 3.

Iteração	Descrição
Fachada	Especificação de casos de uso considerando-se aspectos gerais e detalhes em alto nível.
Conteúdo	Incorporação de conteúdo de contexto e detalhamento das particularidades da área de negócio tratada pelo *data mart*.
Análise	Validação da lógica contida nos casos de uso, sua interação, a retirada de redundâncias, separação de casos de uso de informação dos casos de uso operacionais.
Otimização	Tratamento de conformidades, ajustes e refinamento.
Conclusão	Ajustes e refinamentos finais.

Tabela 3 - Passos lógicos para a especificação de casos de uso.

As principais transações que compõem uma aplicação *data warehouse* tendem a obedecer a um modelo padrão de casos de uso como representado na Figura 14. O refinamento dos casos de uso determinará a realidade do *data mart*.

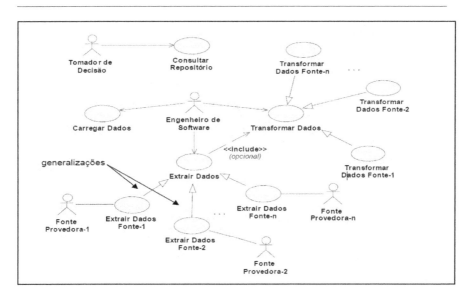

Figura 14. Template de Casos de Uso em UML para *Data warehouse*.

2.11 RUP – Rational Unified Process

O Processo Unificado (RATIONAL, 2001) é um processo interativo que utiliza a UML como linguagem de modelagem e casos de uso como modelagem de requisitos. Tem origem em métodos propostos anteriormente por autores como Ivar Jacobson, Booch e Rumbaugh.

O Processo Unificado pode ser descrito em duas dimensões. A primeira dimensão representa o aspecto dinâmico do processo, como é ordenado e expresso em termos de ciclos, fases, interações e datas importantes (dimensão tempo). A segunda dimensão representa o aspecto estático do processo, descrito em termos de componentes de processo, atividades, fluxos de trabalho, artefatos e pessoas (dimensão conteúdo).

Os princípios do Processo Unificado, aplicados ao *data warehousing*, são os seguintes:

1. Baseado em modelos do *data mart* a ser construído (é centrado na arquitetura): os modelos revelam visões diferentes do *data mart*, cada um detalhando um aspecto especifico. As visões

criam um equilíbrio ao prevenir focos concentrados em determinadas partes do *data mart*;

2. Orientado a processo: o trabalho é feito de acordo com um conjunto de atividades bem definidas;

3. Interativo e incremental: o trabalho e realizado através de interações, sendo que o produto final e obtido de maneira incremental;

4. Dirigido à mitigação de risco: o processo concentra-se na minimização do risco das atividades priorizando aquelas de maior risco já nas primeiras interações e realizado fase-a-fase;

5. Cíclico: o desenvolvimento e feito em ciclos e cada ciclo resulta na geração de um segmento do *data mart*.

O ambiente do *data warehouse* e seus *data mart*s requer uma administração eficaz não só no seu desenvolvimento e manutenção, mas na avaliação e administração de mudanças que ocorrem no ambiente de origem – o ambiente transacional. Este aspecto é primordial para garantir o sucesso da implantação e acompanhamento do projeto.

O PDW, baseado no RUP, propõe fases e etapas que não acontecem como estágios bem definidos, em intervalos de tempos exclusivos para cada um, nem pretende ser um fluxo plano e linear. O desenvolvimento do projeto de *data mart* demanda execução em termos de iterações. É bem possível executar dois ou três passos, parar e repetir todos ou parte deles.

A metodologia pretende ser o documento balizador do desenvolvimento do *data warehouse* utilizada pelos analistas de *data mart*s que trabalham nas equipes de projeto e sustentação do *data warehouse*. Sua distribuição de fases (Figura 15).

O eixo horizontal representa o tempo e mostra os aspectos do ciclo de vida do processo à medida que se desenvolve.

O eixo vertical representa as disciplinas, que agrupam as atividades de maneira lógica.

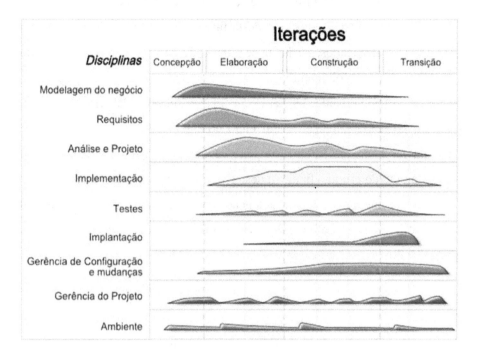

Figura 15 – Estrutura do RUP.

O ciclo de um produto tem um modelo em espiral, onde cada ciclo entrega uma parte do produto. O Processo Unificado organiza o ciclo de desenvolvimento em quatro fases sucessivas:

1. Concepção: justifica-se a execução de um projeto do ponto de vista do negócio do cliente. Ao término desta fase, são examinados os objetivos de ciclo de vida do projeto para se decidir sobre a continuidade do desenvolvimento.

2. Elaboração: define-se o escopo do *data mart* pelas equipes de usuários finais e especialistas. O produto é detalhado para permitir um planejamento acurado da fase de construção.

3. Construção: refina-se a arquitetura e se produz uma versão completa e operacional do produto. Contempla todas as atividades de implementação e teste do *data mart*.

4. Transição: fase na qual o produto é colocado à disposição do usuário. Ao termino desta fase avalia-se se os objetivos foram alcançados, se há necessidade de se começar outro ciclo de desenvolvimento ou se o produto pode passar à sustentação.

Adicionalmente, as fases podem ser subdivididas em interações, Figura 16. Uma interação é um ciclo completo de desenvolvimento que resulta na liberação interna ou externa de um produto executável, um subconjunto do produto final em desenvolvimento gerado incrementalmente através de interações até a obtenção do *data mart* final. A principal consequência desse enfoque de interação é que os artefatos descritos mais cedo evoluem e amadurecem com o decorrer do tempo.

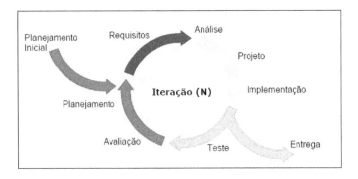

Figura 16 - Modelo Iterativo e Incremental

O Processo Unificado é formado por sete estruturas, Figura 17, que são descritos em termos de atividades, fluxos de trabalho, pessoas e artefatos. Há quatro componentes de processo de engenharia: captura de requisitos, análise & projeto, implementação e teste. E três modelos: modelo de projeto, modelo de implementação e modelo de testes. Cada componente de processo de engenharia é associado a um modelo particular, descrevendo como deve ser criado e mantido (Tabela 4).

Componentes de Processo	Descrição
Captura de requisitos	A meta da captura de requisitos é descrever o que o software deve fazer, permitindo a projetistas e usuários concordarem sobre uma descrição comum. O escopo do *data mart* é definido, seu contorno e comportamento são definidos através de modelos de caso de uso. Esta identificação é frequentemente integrada a uma modelagem do negócio (objetivos, regras, recursos, ações) e a um mapa de requerimentos e restrições que o *data mart* deve satisfazer (desempenho, confiabilidade, tamanho, ambiente técnico, integração com outros *data mart*s, produtos e linguagens). O diagrama de caso de uso é a principal técnica utilizada na fase de captura de requisitos, muito embora um diagrama de classe de alto nível possa ser especificado.
Análise & Projeto	A meta da Análise & Projeto é mostrar como o *data mart* será materializado na fase de implementação. O modelo de análise procura capturar e descrever os requisitos do *data mart*, além de definir classes chaves do domínio do problema. O propósito básico do modelo de análise é prover uma compreensão do *data mart* e facilitar a comunicação entre técnicos e usuários - não é voltado a soluções técnicas ou detalhes de código ou programas, mas a um entendimento dos requisitos e dos casos de uso reais do *data mart* em desenvolvimento. Os diagramas da UML mais empregados durante a fase de análise são: caso de uso, classe, sequência e estado. O modelo de projeto (ou desenho), serve como abstração do código fonte, atuando como esboço de sua estrutura. O desenho também resulta em descrições da visão interna e realizações de casos de uso detalhando como são percebidos em termos de objetos e classes participantes. As atividades de desenho são centradas ao redor da noção de arquitetura, representada por várias visões estruturais que, em essência, são abstrações ou simplificações do desenho completo no qual características importantes são tornadas mais visíveis deixando detalhes à parte. Os diagramas da UML mais empregados durante a fase de projeto são: classe, colaboração, atividade, componente e implantação.
Implementação	A fase de implementação (ou construção) se inicia quando as classes especificadas necessitam ser programadas tomando-se por base o modelo de projeto. O produto do projeto é percebido através da implementação, dos arquivos de código fonte e demais artefatos que resultarão em um *data mart* executável. Se o desenho foi elaborado corretamente e com detalhes suficientes, a tarefa de codificação e facilitada. Poucos diagramas adicionais são criados na fase de implementação, na

	verdade, os diagramas criados na fase de desenho são detalhados ou corrigidos quanto necessário.
Teste	O objetivo desta fase é identificar erros no código fonte através de casos de teste que avaliem diferentes aspectos de cada módulo sendo testado. Primeiramente, testa-se cada caso de uso separadamente (teste unitário) para avaliar se as classes participantes trabalham corretamente e, em seguida, realiza-se os testes do *data mart* como um todo (teste de integração) empregando as descrições de caso de uso como entrada para o teste. O processo de teste está se tornando cada vez mais automatizado e frequentemente inclui tanto o suporte de ferramentas de especificação e execução de testes quanto a administração do ambiente de teste.

Tabela 4 - Composição de Processos

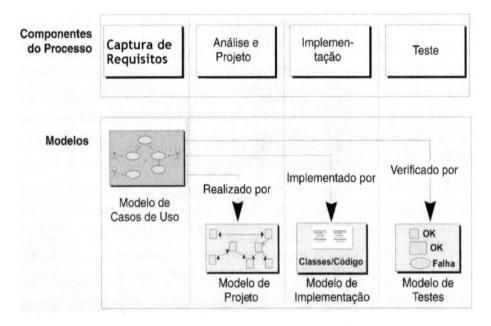

Figura 17 - Componentes e Modelos relacionados.

2.12   PDW e o PMI

"While you're refreshing yourself," said the Queen,
"I'll just take the measurements."
Lewis Carrol, Through the Looking Glass

A metodologia de gerenciamento de projetos utilizada no PDW utiliza diretrizes do PMI – *Project Management Institute,* o qual é uma organização internacional sem fins lucrativos que desenvolve normas, seminários, programas educacionais e certificações profissionais na área de projetos, visando maior controle sobre o gerenciamento e elaboração de cada fase de um projeto, e o projeto como um todo.

O gerenciamento do projeto tem início já na fase de concepção, no surgimento de um projeto. Os responsáveis formalizam o início do projeto, com o preenchimento de um documento específico, Estudo de Viabilidade Técnica – EVT - facilitador da identificação de necessidades e oportunidades, o que ajudará o trabalho dos executores. Assim é possível iniciar o planejamento, a ser realizado pelo gerente e pela equipe do projeto.

Os objetivos do projeto devem contemplar as necessidades e expectativas de todos os *stakeholders*. Na especificação de um objetivo, deve-se buscar que o mesmo seja formulado observando-se os seguintes aspectos:

1. O objetivo deve ser suficientemente específico para que seja possível avaliar, quantitativamente, se o mesmo está sendo alcançado. Evitar objetivos genéricos demais, tais como "melhorar o processo de desenvolvimento".

2. Idealmente, todas as ações definidas para alcançar o objetivo devem estar sob o controle do gerente do projeto. Devem ser elaborados planos de contingência, a fim de que os objetivos possam ser alcançados independentemente de fatores fora do controle do projeto. Os riscos devem ser avaliados e controlados.

3. Estudos comportamentais indicam que, para maior motivação dos envolvidos, o objetivo do projeto deve ser definido em termos positivos, em função do que se pretende alcançar. Por exemplo, "Reduzir o número de defeitos para 10% ou menos" é melhor do que "Não ter mais do que 10% de defeitos". Os objetivos expressos através de frases negativas devem ser evitados.

4. Devem ser especificadas, em termos quantitativos, as métricas que indicarão o sucesso do projeto. Como saber que o objetivo foi alcançado? As métricas e os respectivos valores almejados deverão ser definidos logo no início, na fase de planejamento do projeto.

5. Devem ser determinados e relacionados os recursos necessários ao alcance do objetivo. Considerar tanto os recursos materiais quanto os intangíveis, tais como situação política favorável e momento histórico da organização.

6. O objetivo deve ser subdividido em partes suficientemente pequenas para facilitar a correspondente especificação. Ao mesmo tempo, as partes definidas devem ter importância e visibilidade suficientes para motivar a equipe, dando ensejo a um sentimento de resultado alcançado.

7. Deve-se avaliar o objetivo do ponto de vista sistêmico, garantindo que o mesmo seja positivo para o ambiente como um todo. Do contrário, efeitos colaterais indesejáveis poderão ocorrer, tais como a resistência de grupos cujos interesses tenham sido negligenciados na avaliação inicial.

O escopo torna possível mensurar claramente recursos e custos, definir as atividades do projeto, além de permitir que todas as pessoas da equipe do projeto se sintam parte do processo.

A primeira etapa do detalhamento do escopo consiste na elaboração da Estrutura Analítica de Projeto - EAP, a qual corresponde à sua representação gráfica, facilitando a visualização. Para a realização deste artefato é utilizada uma ferramenta de gerenciamento de projeto. Com base na EAP é possível atribuir responsabilidades de execução e identificar os momentos oportunos para obtenção de apoio, pois nela são listadas todas as macroatividades que o projeto deve conter e seus detalhamentos, denominados pacotes de trabalhos, os quais tornam mais precisa a estimativa de tempo e recursos.

Outro benefício que a EAP possibilita é a identificação dos riscos, os quais podem ser listados e mensurados, fornecendo uma análise da probabilidade e impacto destes sobre o projeto. Com isso, gera-se a formulação de planos de contingência, caso as ameaças ocorram. Para formulação do cronograma procura-se estabelecer relações e interdependências entre as atividades identificadas. A ordem de execução é estabelecida por motivos técnicos ou por necessidades.

A rede de atividades identifica a interatividade lógica e o relacionamento entre atividades considerando as dependências. Ela demonstra graficamente o início e término de cada atividade, bem como as folgas existentes e caminhos críticos, os quais devem ter acompanhamento e cobrança mais rigorosa.

Para auxiliar o controle do projeto são realizadas reuniões técnicas e de monitoria, que são separadas para maximizar a utilização do tempo de cada participante. Reuniões técnicas são conduzidas para assuntos técnicos e envolvem apenas pessoas focadas na busca de solução. Reuniões de acompanhamento são realizadas com regularidade ao longo do projeto, para conhecer a evolução do projeto e o desempenho dos participantes, controlar cronograma, custos e pontos-chave.

A linha de base de um projeto é um retrato da situação atual, que serve de referência na avaliação dos resultados obtidos. Por exemplo, na implantação de um novo processo de gerenciamento de projetos, será necessário identificar o número de projetos em andamento, as formas de controle utilizadas e outros fatores que servirão de base a comparações futuras. A linha de base pode abordar vários aspectos do projeto, tais como escopo, prazo e custo.

Cumpridas as etapas anteriores, o gerente do projeto deverá exercer controle sobre o andamento do projeto, analisando as medidas coletadas, tomando ações corretivas e atualizando o plano do projeto com as mudanças necessárias.

É indispensável o estabelecimento de reuniões periódicas de acompanhamento, nas quais seja revisto e discutido o estado de cada uma das atividades em andamento, com a presença de representantes dos principais envolvidos. A reunião periódica é um importante instrumento na instituição de uma disciplina de acompanhamento do projeto.

3   Engenharia de Requisitos para *Data Warehousing*

> *"Requisitos para um dado sistema não aparecem naturalmente; ao contrário,*
> *eles precisam ser projetados e revisados continuamente".*
>
> Sommerville.

Como saber se uma aplicação tem sucesso em sua razão de ser? É inegável que, pelo menos, ele precisa satisfazer às necessidades básicas dos usuários (NUSEIBEH e EASTERBROOK, 2000). Num dos primeiros trabalhos realizados na área, BELL e THAYER (1976) observaram que muitos requisitos são inadequados, inconsistentes, incompletos, ambíguos e exercem um grande impacto na qualidade final do software. A partir dessa observação, eles concluíram o que são realmente "requisitos".

Existem inúmeras definições disponíveis na literatura para o termo. Segundo KOTONYA e SOMMERVILLE (1997), um requisito pode descrever:

1. Uma facilidade desejada pelo usuário. Por exemplo, um gráfico de desempenho.

2. Uma propriedade muito geral do *data mart*. Por exemplo, a restrição a dados privados.

3. Uma restrição específica no *data mart*. Por exemplo, a granularidade da informação.

4. Uma restrição no desenvolvimento do *data mart*. Por exemplo, a plataforma em que o sistema origem foi desenvolvido.

Uma definição bastante simples para requisitos é dada por MACAULAY (1996), segundo o qual requisito é *"simplesmente algo de que o cliente necessita"*.

Ainda segundo JACKSON (1995), requisitos são fenômenos ou propriedades do domínio da aplicação que devem ser executados, normalmente expressos em linguagem natural, diagrama informal ou outra notação apropriada ao entendimento do cliente e da equipe de desenvolvimento. No PDW adota-se a definição de DORFMAN e THAYER (1990), os quais conceituam requisitos como sendo:

- Uma capacidade do software necessitada pelo usuário para resolver um problema e atingir um objetivo.

- Uma capacidade de software que um *data mart* (ou um seu componente) deve atingir ou possuir para satisfazer um contrato, padrão, especificação, ou outra documentação formalmente imposta.

Além de requisitos, outra definição necessária é a de Engenharia de Requisitos. Segundo o IEEE - *Institute of Electrical and Electronics* Engineers, engenharia de requisitos corresponde ao processo de aquisição, refinamento e verificação das necessidades do cliente objetivando-se ter uma especificação completa e correta dos requisitos de software (IEEE, 1984).

ZAVE (1997) destaca que a engenharia de requisitos está relacionada com a identificação de metas a serem alcançadas pelo projeto de software a ser desenvolvido, assim como a operacionalização de tais metas em serviços e restrições.

No contexto do PDW, adota-se a definição de LOUCOPOULOS e KARAKOSTAS (1995), os quais definem engenharia de requisitos como:

> "Processo sistemático de desenvolvimento dos requisitos por meio de um processo iterativo e cooperativo de análise do problema, documentação das observações resultantes numa variedade de formatos, e checagem da acurácia do entendimento obtido".

O objetivo desse processo, é assim, desenvolver uma especificação de requisitos (COMPUTER, 1985), o que envolve uma integração de conceitos relacionados com aspectos de representação, sociais e cognitivos (POHL, 1993). Essa diversidade de fatores faz da engenharia de requisitos uma área eminentemente multidisciplinar, onde aspectos sociais e humanos desempenham papel de destaque (ZAVE, 1997; NUSEIBEH e EASTERBROOK, 2000).

Existem pelo menos quatro grandes benefícios em desenvolver uma especificação de requisitos (LOUCOPOULOS e KARAKOSTAS, 1995):

1. O documento gerado fornece um norte para o processo de comunicar um entendimento sobre um dado domínio, negócio e o próprio *data mart* alvo. A especificação funciona, então, como uma linguagem para representar conteúdos.

2. A especificação cumpre o papel de um acordo contratual, um artifício que pode se tornar relevante para o relacionamento com clientes e fornecedores.

3. A especificação pode ser usada para avaliar o produto final e assim ter um papel significativo em testes de aceitação do *data mart*.

4. Uma especificação de requisitos completa abrange uma ampla gama de requisitos.

Tradicionalmente, os requisitos de software são classificados em requisitos funcionais, não funcionais e organizacionais (SOMMERVILLE, 2007).

Requisitos funcionais são as declarações das funções que o *data mart* deve oferecer, como o *data mart* se comporta com entradas particulares e como o data mart deve se comportar em situações específicas. O termo funcional é usado no sentido genérico da operação que pode ser realizada pelo data mart, seja por meio de comandos dos usuários, ou seja pela ocorrência de eventos internos ou externos ao data mart. Em alguns casos, os requisitos funcionais podem também definir explicitamente o que o data mart não deve fazer.

Requisitos não-funcionais são as restrições nas funções oferecidas pelo data mart. Incluem restrições de tempo, restrições no processo de desenvolvimento, padrões, e qualidades globais de um software, como manutenibilidade, usabilidade, desempenho, custos e várias outras.

Requisitos organizacionais são derivados diretamente de procedimentos e políticas organizacionais e relacionados com os objetivos e metas da organização.

A necessidade de se estabelecer os requisitos de forma precisa é crítica na medida em que o tamanho e a complexidade do software aumentam. Os requisitos exercem influência uns sobre os outros. Por exemplo, o requisito de que o software deve ter grande portabilidade pode implicar que o requisito desempenho não seja satisfeito.

3.1   Engenharia de Requisitos

A engenharia de requisitos é um processo que tem por objetivo a especificação completa, consistente e não ambígua, servindo de base para um acordo entre todas as partes envolvidas e descrevendo o quê o produto de *software* irá fazer ou executar, mas não como ele será feito. Conforme representado na Figura 17 este processo é composto de três atividades: elicitação, análise e modelagem.

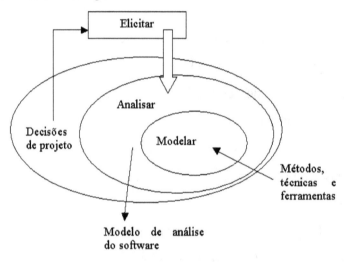

Figura 18 - Processo de Engenharia de Requisitos.

Na fase de elicitação de requisitos o projetista procura captar os requisitos do *software*, de modo a obter conhecimento do domínio do problema. Esta fase é composta de três atividades principais: identificação das fontes de informação, coleta de fatos e comunicação, além de ferramentas, pessoal e métodos. O resultado da fase de elicitação de requisitos é o documento de requisitos do software.

As fontes de informação dos projetistas são as entrevistas realizadas com os usuários, a documentação do sistema origem e das políticas da organização, tais como o Plano Diretor de Informática, memorandos, atas de reunião, contratos com fornecedores, livros sobre tema relacionado, outros *data mart*s da empresa e outros *data mart*s externos.

A análise de requisitos é um trabalho fundamental para que o processo de desenvolvimento do *data mart* seja bem-sucedido. Nesta fase, o projetista especifica as funções, indica a interface com outros *data mart*s e estabelece as restrições de projeto.

O objetivo da fase de análise de requisitos é avaliar e revisar o escopo do *data mart* com base no documento de requisitos e de um processo de descoberta, refinamento, modelagem e especificação. As alterações nos requisitos produzem um documento de requisitos melhorado e que será a base para todas as fases da engenharia de *software* subsequentes.

A fase de modelagem tem por objetivo criar e desenvolver modelos que descrevem estática e dinamicamente o que o *data mart* deve fazer, e não como deve ser feito. Estes modelos materializam os requisitos possibilitando um maior entendimento do domínio da aplicação e a determinação de uma especificação mais completa, consistente e precisa, fornecendo uma transição para a fase de construção.

De acordo com a *International Standards Organization* - ISO, o processo de engenharia de requisitos é um processo definido como "*um grupo de atividades inter-relacionadas que se caracterizam por uma série de entradas específicas que agregam valor e fornecem uma série de saídas específicas para clientes externos e internos*".

O processo de engenharia de requisitos é um conjunto estruturado de atividades que são seguidas para derivar, validar e manter um documento de requisito (KOTONYA e SOMMERVILLE, 1997).

Uma descrição completa do processo deve incluir:

1. Quais atividades são executadas.
2. A estruturação e o cronograma delas.
3. Quem é o responsável por cada uma das atividades.

4. Suas entradas e saídas.

5. As ferramentas usadas para suportar a engenharia de requisitos.

Embora o processo de engenharia de requisitos varie de uma organização para outra, podendo diferir inclusive na mesma organização, suas entradas e saídas, na maioria dos casos, são similares. O processo de engenharia de requisitos é um processo de projeto (*design*) com como descrito na Tabela 6.

ENTRADA OU SAÍDA	TIPO	DESCRIÇÃO
Informações dos Sistemas Existentes	Entrada	Refere-se a informações gerais sobre o sistema que será substituído ou criado e de outros sistemas com o qual o sistema deverá interagir.
Necessidades das partes interessadas (*stakeholders*)	Entrada	Refere-se a uma descrição das necessidades das partes interessadas para apoiar seu trabalho.
Padrões corporativos	Entrada	Refere-se a padrões e normas adotadas pela empresa para o desenvolvimento de sistemas, incluindo métodos para o desenvolvimento, práticas para garantia de qualidade, etc..
Normas e regulamentos	Entrada	Normas e regulamentos externos que se apliquem ao sistema.
Informações do Domínio	Entrada	Informações gerais sobre o domínio do sistema.
Requisitos Definidos	Saída	Descrição dos requisitos levantados, avaliados e aprovados pelas partes interessadas.
Especificação do Sistema	Saída	Uma especificação mais detalhada do sistema a ser desenvolvido.
Modelos do Sistema	Saída	Um conjunto de modelos que descrevem o sistema a partir de diferentes perspectivas.

Tabela 5 - Entradas e Saídas do Processo de Engenharia de Requisitos.

Dentre as várias propostas para modelos de processo de engenharia de requisitos existentes na literatura adota-se, para o contexto desse texto e do PDW, o modelo proposto por KOTONYA e SOMMERVILLE (1997). O modelo está baseado num ciclo em espiral (Figura 18), onde o início do processo ocorre com a execução de atividades de elicitação de requisitos, seguidas pela análise e negociação desses requisitos, sua documentação e posterior validação. O processo se repete ao longo dos ciclos da espiral tantas vezes quantas sejam necessárias, até que se atinja um ponto de decisão de aceitação do documento final de requisitos.

Para NUSEIBEH e EASTERBROOK (2000), esse modelo espiral constitui-se, na prática, de um conjunto de processos interativos, inter-relacionados e com retroalimentação (*feedback*), que podem cobrir todo o ciclo de vida do projeto de software. Não obstante, a aplicabilidade do modelo dependerá, dentre outros fatores, do domínio da área de negócio considerada.

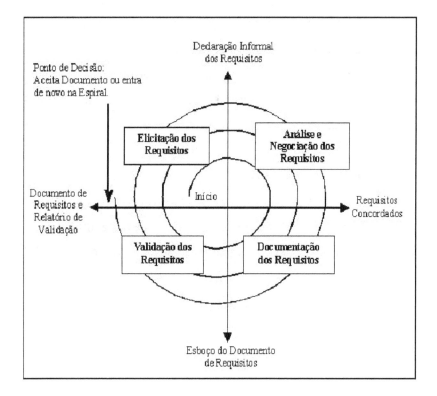

Figura 19 - Processo da Engenharia de Requisitos e o Modelo Espiral.

3.1.1 Elicitação de Requisitos

Elicitar requisitos é a atividade relacionada com a identificação dos requisitos do *data mart*, a partir de consulta aos representantes de cada grupo de usuários; da análise de documentos do domínio em questão; do conhecimento desse domínio; e/ou de pesquisas de mercado. A finalidade geral do processo de elicitação é identificar os fatos que compõem os requisitos do *data mart*, de forma a prover o mais correto entendimento do que dele é esperado. Outro papel relevante dessa atividade é a descoberta das necessidades das diferentes classes de usuários (SHARP *et al.*, 1999). Aliado a esse processo de descoberta, uma elicitação de requisitos consistente requer também uma criteriosa análise da organização, do domínio da aplicação e dos processos organizacionais (KOTONYA e SOMMERVILLE, 1997).

Dessa forma, Elicitar requisitos apresenta inúmeros desafios. Segundo TORANZO (2002), os principais problemas que afetam a etapa de elicitação podem ser classificados em quatro categorias:

5. Problemas de escopo. Vinculados ao desconhecimento de informações do sistema origem relativas à organização (restrições, objetivos, metas e expectativas), ao ambiente organizacional (fatores sociais, econômicos e políticos), ao projeto e à sua interface computacional (necessidades/restrições de software e hardware do *data mart*).

6. Problemas de entendimento. Relacionados a dificuldades de comunicação entre desenvolvedores e usuários e à falta de entendimento dos requisitos informados entre ambas as partes, incluindo problemas humanos relativos à aquisição e à disseminação do conhecimento.

7. Problemas técnicos. Nessa categoria estão inclusos alguns problemas que afetam o sucesso do processo de elicitação, tais como (*a*) mudanças tecnológicas no software e hardware; (*b*) usuários exigindo *data marts* cada vez maiores e complexos; (*c*) mudanças de requisitos com o tempo; (*d*) existência de muitas fontes de informação para os requisitos; (*e*) dificuldades com o reuso de conhecimento pelos analistas.

8. Problemas de comportamento humano. Decorrentes da interação entre as pessoas, envolvendo aspectos tanto individuais quanto coletivos.

Para resolver esses problemas, várias técnicas de elicitação têm sido propostas. A seguir, descreve-se as principais categorias de técnicas de elicitação de requisitos:

1. Técnicas tradicionais. Utilizadas regularmente em várias áreas do conhecimento, como por exemplo a aplicação de questionários, a observação e a análise de documentos (WIERINGA, 1996; MACEDO e LEITE, 1999).

2. Técnicas de Elicitação de Grupo. Visam melhor compreender o pensamento e comportamento dos grupos, com o intuito de captar de maneira mais detalhada as necessidades dos usuários. Como principais exemplos dessa categoria, destacam-se as técnicas de *Workshop* e *Brainstorming* (LEFFINGWELL e WIDRIG, 2000), as sessões de JAD (*Joint Application Design*) (SOLTYS e CRAWFORD, 1999) e RAD (*Rapid Application Development*) (ROBINSON, 1996).

3. Prototipação. Um protótipo é uma versão inicial do *data mart* que está em fase de desenvolvimento. Em *data mart*s, protótipos auxiliam na elicitação e validação dos requisitos de *data mart* (KOTONYA e SOMMERVILLE, 1997). A prototipação é especialmente recomendada quando há um alto grau de incerteza ou quando é necessário um rápido *feedback* dos usuários (DAVIS, 1992).

4. Técnicas de modelagem. Nos últimos anos, técnicas de modelagem vêm conquistando maior importância para as organizações, desenvolvedores e usuários. Elas apresentam um modelo específico das informações que serão adquiridas, utilizando-o para orientar o processo de elicitação. Exemplos já consagrados na literatura incluem métodos baseados em metas como KAOS (*Knowledge Acquisition in autOmated Specification*) (VAN LAMSWEERDE *et al.*, 1991) e *i** (YU,

1995); e técnicas baseadas em cenários, como casos de uso (JACOBSON, 1992) e CREWS (MAIDEN, 1998), as quais procuram representar as tarefas que os usuários executam normalmente e aquelas que estes desejam executar (LEITE *et al.*, 1997; SCHNEIDER e WINTERS, 1998).

5. Técnicas Cognitivas. Originalmente desenvolvidas para a aquisição de conhecimento para *data mart*s baseados em conhecimento, como por exemplo a análise de protocolo, *laddering, card sorting* e *repertory grids* (SHAW e GAINES, 1995);

6. Técnicas Contextuais. Surgiram como uma alternativa às técnicas tradicionais e cognitivas. Incluem técnicas como a etnografia e a análise social (VILLER e SOMMERVILLE, 1999) para as quais o trabalho é uma atividade social que envolve um grupo de pessoas que cooperam para o desenvolvimento de diferentes tarefas. A natureza dessa cooperação é frequentemente complexa e variante de acordo com as pessoas envolvidas, o ambiente físico e a organização na qual o trabalho acontece. Nesse contexto, técnicas contextuais exploram a observação para desenvolver um entendimento completo e detalhado de culturas particulares, como no caso da etnografia, onde uma sociedade ou cultura é observada durante um extenso período, após o qual são apresentadas informações sobre todas as suas práticas constituintes e sua importância no processo produtivo.

7. Reuso de requisitos. Do ponto de vista de requisitos, "reuso" objetiva reutilizar ao máximo o conhecimento existente durante o desenvolvimento do *data mart*. Existem inúmeras situações onde o reuso de requisitos é recomendado: (a) quando os requisitos esclarecem um aspecto do domínio da aplicação,

como por exemplo restrições operacionais; (b) quando o requisito está relacionado com uma interface comum entre aplicações no mesmo ambiente; (c) quando requisitos refletem procedimentos de uso repetido e padrão ao longo do *data mart*; (d) quando os requisitos descrevem políticas da empresa que podem ser reutilizadas em outros *data mart*s. Apesar das dificuldades inerentes, técnicas como análise de domínio (PRIETO-DIAZ, 1990) e casos de uso (JACOBSON, 1992) demonstram que o reuso de especificações de requisitos de software pode contribuir para o aumento da produtividade e a unificação de processos internos.

Condições específicas do projeto devem definir a técnica mais eficaz a ser utilizada, ou a combinação delas. No PDW, sugere-se a entrevista, o uso de cenários com casos de uso e a prototipação, com o acompanhamento do cliente não só na fase de requisitos, mas durante todo o processo de desenvolvimento do software. Um benefício é o comprometimento do cliente e sua participação direta na definição dos documentos. Um cuidado, porém, deve ser tomado para a tendência da não utilização dos processos para alteração de requisitos. A Figura 19 ilustra este contexto que tem como atividades a destacar:

1. Elaborar a lista de requisitos candidatos. O objetivo desta atividade é descrever os principais requisitos do *data mart*, de forma a obter a essência do *data mart*, de forma que representará as principais necessidades e funcionalidades do *data mart* e deverá ser incluída no documento de visão.

2. Estudar os requisitos candidatos, os *data mart*s similares e os documentos coletados com o cliente: documentos devem ser inspecionados, arquivos e *data mart*s similares, para melhor compreender o contexto do *data mart*, e avaliar a possibilidade da reusabilidade de requisitos e de soluções.

3. Elaborar o Glossário. Para evitar ambiguidades e facilitar a leitura de documentos do *data mart*, é importante a definição de um glossário, onde os principais termos utilizados pelo domínio da aplicação e pelos desenvolvedores e usuários devem ser definidos.

4. Elaborar o documento de Visão. O objetivo desta atividade é descobrir os principais requisitos do *data mart*, de forma a obter a essência do *data mart*. Deve-se avaliar o conjunto de requisitos essenciais para a definição do documento de visão do software e este deve incluir o escopo do projeto e suas limitações, bem como as principais características do software a ser desenvolvido.

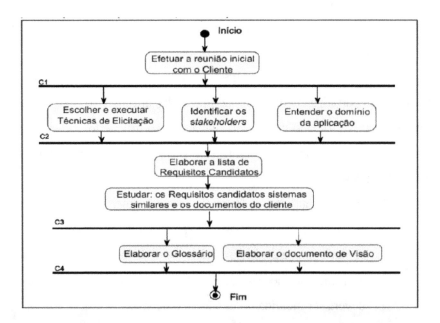

Figura 20 - Processos para a Elicitação de Requisitos.

3.1.2 Análise e Negociação de Requisitos

A análise e a negociação de requisitos, em projetos de *data warehouse*, envolvem atividades que visam descobrir problemas com os requisitos dos sistemas origem e com os requisitos do *data mart* de modo a estabelecer um acordo de mudanças que satisfaça a todos os afetados. O processo de análise e negociação tem custo elevado porque requer pessoas qualificadas e experientes para dedicar tempo à leitura cuidadosa de documentos e identificação das implicações contidas nas declarações presentes nesses artefatos (KOTONYA e SOMMERVILLE, 1997). Na maioria das vezes, atividades de análise e negociação de requisitos são executadas de forma paralela ou intercalada, em conjunto com atividades de elicitação de requisitos.

Durante o processo de análise, os requisitos são examinados a fim de detectar omissões, redundâncias, incompletudes e/ou requisitos irreais. A preocupação está em identificar os requisitos que são realmente necessários ao desenvolvimento do *data warehouse* e ao atendimento das necessidades dos clientes.

A negociação envolve a discussão dos conflitos encontrados entre requisitos e a busca por uma solução de comum acordo que debele o conflito e atenda aos anseios de todas as partes envolvidas. Os requisitos finais devem exprimir um compromisso que é governado pelas necessidades da organização em geral, os requisitos específicos de diferentes partes interessadas, e restrições de projeto, implementação, prazo e orçamento para o desenvolvimento do software (KOTONYA e SOMMERVILLE, 1997). Para tanto, os modelos de negociação geralmente identificam as principais necessidades dos usuários, priorizando-as a fim de assegurar que os requisitos mais críticos a elas relacionados sejam atendidos o quanto antes. Isso envolve a interação entre gerente de projeto e clientes para o planejamento e organização das versões intermediárias do *data mart* final.

A seguir são apresentadas as técnicas mais comumente utilizadas no processo de análise e negociação:

1. Listas de verificação (*Checklists*). Correspondem a listas de perguntas que o analista pode aplicar para avaliar cada requisito. *Checklists* são úteis porque provêm uma referência sobre o que procurar e reduzem as chances de que requisitos importantes deixem de ser checados. Ao final da checagem, pode-se disponibilizar uma lista de inconsistências encontradas que podem ser solucionadas por meio de negociação ou, caso necessário, de nova elicitação de requisitos.

2. Matrizes de interação. Utilizadas para denotar a interação entre requisitos e facilitar o processo de análise de possíveis conflitos entre eles. A forma mais simples de construção dessas matrizes é usar uma tabela e rotular suas linhas e colunas com identificadores de requisitos. Valores numéricos indicam a relação entre cada um dos requisitos mapeados, evidenciando conflitos ou sobreposições.

3. Prototipação. Os protótipos criados na etapa de elicitação podem ser aperfeiçoados na etapa de análise e negociação. Possibilitam uma análise mais rica dos requisitos do *data mart*. Além disso, protótipos contribuem para um maior envolvimento entre as partes interessadas durante as atividades de elicitação, análise e negociação de requisitos.

4. Reuniões. São provavelmente o meio mais eficiente de negociação e resolução de conflitos entre requisitos. Reuniões de negociação são conduzidas em três etapas: (1) explicação sobre a natureza dos problemas de requisitos; (2) discussão entre as partes de como resolver os problemas, observando as prioridades estabelecidas; (3) resolução dos conflitos pela tomada de ações corretivas.

Durante o processo de negociação e priorização (Figura 20) são executadas as seguintes atividades:

1. Escolher a técnica de negociação: o processo de negociação de requisitos tenta resolver conflitos entre usuários sem necessariamente comprometer a satisfação dos objetivos de cada usuário. Em geral, os modelos de negociação identificam as principais necessidades de cada usuário, ou seja, atribuem prioridades aos requisitos para em seguida analisar os resultados para tentar garantir que os requisitos mais críticos sejam atendidos.

2. Priorizar os requisitos: uma vez escolhida a técnica de negociação, ela deve ser usada não apenas para resolver conflitos, mas também para priorizar os requisitos. Ao priorizar os requisitos, é importante que os riscos e a complexidade dos requisitos sejam observados de forma a mitigar possíveis atrasos nos *milestones* a serem definidos.

3. Definir os *milestones* e os pontos de revisão: de acordo com a priorização, os requisitos são agrupados para estabelecer *baselines* de implementação, facilitando a definição dos *milestones* e os pontos de revisão.

4. Atualizar o documento de requisitos de software (DRS): o resultado obtido a partir da técnica de priorização deve ser incorporado ao documento.

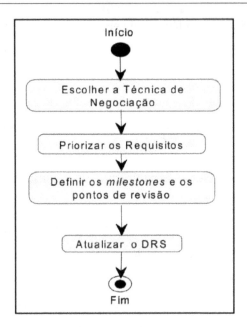

Figura 21 - Processo de negociação & priorização.

3.1.3 Documentação de Requisitos

Nesta fase, os requisitos acordados são anotados num documento que reúne, num nível apropriado de detalhe, o escopo de requisitos que servirá como base para o processo de desenvolvimento do software. O documento de requisitos serve como um contrato entre usuários e desenvolvedores, e deve ser formatado e estruturado de acordo com padrões organizacionais (KOTONYA e SOMMERVILLE, 1997).

De acordo com a norma Std. 830 (IEEE, 1998), o documento de requisitos deverá possuir declarações não ambíguas, ser completo, verificável, consistente, modificável, rastreável e utilizável durante todas as fases do ciclo de vida do requisito. Alguns autores conceituam o documento de requisitos de software como sendo o meio utilizado para descrever as restrições quanto às características do produto e ao processo de desenvolvimento, a interface com outras aplicações, a informação sobre o domínio da aplicação e informações de suporte ao conhecimento do problema. Nesse sentido, o documento de requisitos deve promover o suporte à verificação, validação e gerenciamento do projeto, promover a redução do tempo total e esforço dedicado ao processo de criação do *data mart*, evitando o retrabalho quanto à especificação, codificação e testes e permitir o rastreamento e gerenciamento dos requisitos ao longo da evolução do projeto.

Existem muitas maneiras de estruturar um documento de requisitos. Este pode ser definido como um único artefato, ou ser formado pela associação de diferentes artefatos que proveem visões de requisitos específicas para cada faceta do desenvolvimento, uma abordagem comum nos documentos de requisitos de software atuais (LEFFINGWELL e WIDRIG, 2000). No geral, requisitos são descritos em linguagem natural, e como tal são passíveis de apresentar efeitos colaterais como ambiguidade e generalidade. Para tratar desses efeitos, a definição dos requisitos pode ser complementada por modelos tanto gráficos quanto matemáticos (RUMBAUGH *et al.*, 1991; DELISLE e GARLAN, 1990). Organizações que têm processos muito diferenciados desenvolvem suas próprias notações para documentação dos requisitos (VAN LAMSWEERDE, 2000a; CYSNEIROS e LEITE, 2001).

KOTONYA e SOMMERVILLE (1997) argumentam que, com o objetivo de garantir que toda informação necessária esteja presente, as organizações devem definir seus próprios padrões de documentação de requisitos. Um exemplo de padrão aceito internacionalmente é o IEEE/ANSI 830-1998 (IEEE, 1998).

A Documentação & Análise (Figura 21) deve contemplar as seguintes atividades:

1. Descrever os requisitos e os seus atributos: depois que os requisitos do *data mart* são elicitados, eles devem ser documentados com um nível apropriado de detalhes. Na maior parte das organizações os requisitos são escritos em linguagem natural, pois é uma notação de fácil entendimento para uma

grande variedade de *stakeholders*. Entretanto, o nível de abstração dos requisitos varia de acordo com a organização e deve ser definido de acordo com o projeto ou até mesmo com o tipo de requisito. O principal foco da pesquisa em documentação de requisitos é prover notações e linguagens de especificação. Desde linguagem natural à lógica, diferentes linguagens têm sido propostas para expressar e descrever requisitos. Pesquisas atuais têm reconhecido que o gerenciamento de requisitos é uma atividade crucial no processo de engenharia de requisitos, ou seja, é necessário não somente escrever os requisitos de forma inteligível, mas também permitir que eles possam ser rastreados e gerenciados ao longo da evolução do *data mart*.

2. Definir a fronteira do *data mart*: frequentemente os *stakeholders* não têm certeza do que deve ou não estar no *data mart* a ser desenvolvido, o que faz com que requisitos desnecessários sejam incluídos durante a fase de elicitação de requisitos. Por isso, deve-se avaliar o conjunto de requisitos essenciais para a definição do documento de visão. Este documento deve incluir o escopo do projeto e suas limitações, bem como as principais características do *data* mart a ser desenvolvido. É importante que sejam documentados os argumentos técnicos e/ou econômicos que justificam a exclusão dos requisitos do seu escopo.

3. Utilizar um *checklist* para analisar os requisitos: para facilitar, otimizar e tornar mais completa a análise de requisitos, deve-se definir um *checklist*, por meio do qual cada requisito deve ser analisado. Além de reduzir a probabilidade de erros, a utilização de um *checklist* é uma forma de reutilizar o conhecimento em análise de requisitos entre diferentes projetos. Caso fique muito grande deve-se particioná-lo, de forma a criar vários *checklists*

que possam ser distribuídos para diferentes analistas. O *checklist* deve ser periodicamente revisado e validado por analistas experientes para verificar a necessidade de alterações. É importante conscientizar os analistas de que o *checklist* deve ser apenas um guia e que podem existir outros problemas não cobertos pelo checklist.

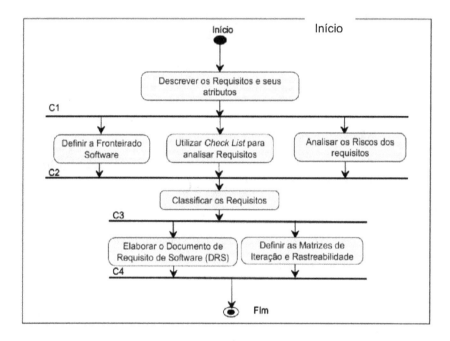

Figura 22 - Processo Documentação & Análise.

4. Analisar os riscos dos requisitos: é uma forma de identificar os requisitos que poderão causar mais problemas aos desenvolvedores. Deve-se identificar os problemas que poderão surgir, a probabilidade destes problemas e os efeitos decorrentes desses problemas para cada requisito ou para grupos de requisitos. Explicitar os riscos associados aos requisitos nesta fase é uma forma de avaliar se os requisitos estão incompletos, se precisam ser modificados ou se é necessária a definição de

procedimentos para redução da probabilidade de o problema ocorrer e do impacto, caso ocorra.

5. Classificar os requisitos: o objetivo da classificação dos requisitos é agrupá-los de forma a identificar requisitos semelhantes. Uma vez classificados, os requisitos de uma mesma classe devem ser comparados e analisados, pois conflitos e sobreposições são mais frequentes em requisitos de um mesmo tipo. Requisitos similares também podem ser comparados e pode-se visualizar melhor a falta de algum requisito. A classificação dos requisitos deve ser definida no Guia de Classificação de Requisitos da organização.

6. Definir as matrizes de iteração e rastreabilidade: numa matriz de iteração, cada requisito deve ser comparado com os demais de forma a identificar se são conflitantes, sobrepostos ou independentes. Se a quantidade de requisitos for muito grande, deve-se definir a matriz para uma classe específica de requisito ou para os requisitos de um segmento do *data mart*.

7. Elaborar o documento de requisito de software (DRS): o documento de requisitos é o meio através do qual é possível descrever as restrições quanto às características do produto e quanto ao processo de desenvolvimento, a interface com outras aplicações, a descrição sobre o domínio e as informações de suporte ao conhecimento do problema. Em geral, é necessário que o documento de requisitos seja entendível por todos os envolvidos no processo de engenharia de requisitos pois ele servirá como um contrato entre usuários e desenvolvedores.

3.2   Modelagem de Requisitos

O desenvolvimento de uma especificação envolve o mapeamento de fenômenos do mundo real na forma de símbolos dentro de uma linguagem de especificação. Em particular, a qualidade de uma especificação de requisitos e, em última instância, a qualidade do *data warehouse* por ela implementado depende em larga escala da habilidade do engenheiro de software em extrair e entender o conhecimento a respeito do domínio sendo modelado, do universo de discurso, e do sistema origem (LOUCOPOULOS e KARAKOSTAS, 1995).

Devido à natureza cognitiva das atividades de engenharia de requisitos, os engenheiros são forçados a capturar grandes volumes de conhecimento a respeito da empresa e do contexto que motiva o desenvolvimento de uma aplicação, os quais são subsequentemente abstraídos na forma de uma especificação formal. Os formalismos utilizados com esse propósito são conhecidos como modelos conceituais. A especificação definida em termos de um modelo conceitual representa abstrações, conclusões e restrições sobre o domínio da aplicação. Essa especificação funciona como um ponto de referência para quaisquer procedimentos de desenvolvimento ou manutenção do *data mart*-alvo. Por outro lado, ela serve de guia para a condução de novas atividades de análise de domínio, elicitação, especificação e negociação. Modelos também provêm a base para a documentação e evolução do software (VAN LAMSVEERDE, 2000).

Grande parte das técnicas de modelagem de requisitos tradicionais enfocam a especificação dos requisitos ditos funcionais. Uma especificação de requisitos funcionais tem como objetivo a descrição das funções fundamentais que perfazem os componentes de software da aplicação. Uma função é descrita em termos de entradas, saídas e do processamento exigido para que os componentes do *data mart* transformem os insumos de entrada em resultados (saídas) úteis de acordo com as necessidades do usuário. Uma visão dinâmica das funcionalidades de um *data mart* deve contemplar aspectos como controle (sequência e paralelismo entre atividades), posicionamento no tempo (início e fim de atividades), bem como o comportamento do *data mart* quando da ocorrência de exceções.

McDERMID (1994) afirma, contudo, que quando a especificação funcional se torna o único ponto focal de um processo de análise de requisitos, então decisões são tomadas ainda na fronteira da compreensão inicial antes que o devido entendimento sobre as reais necessidades dos usuários seja alcançado. Em outras palavras, uma modelagem puramente funcional tende a desviar a atenção de outros aspectos importantes da especificação do *data mart*, tais como seus objetivos principais, restrições ao seu desenvolvimento ou características desejáveis do *data mart* como performance, segurança, usabilidade, dentre outras. LOUCOPOULOS e KARAKOSTAS (1995) adicionam que só após considerar todos esses aspectos é que o engenheiro consegue entender de forma adequada as razões por trás das necessidades e aspirações daqueles que definem os requisitos. Tal visão oferece um alicerce mais consistente ao desenvolvimento da aplicação, permitindo acomodar dados que possibilitam a resolução de conflitos de requisitos num nível organizacional; atribuição de prioridades para os requisitos coletados; ou até mesmo avaliar cenários alternativos para a satisfação dos requisitos estabelecidos.

Nesse contexto, um consenso existente na comunidade analistas de requisitos (BUBENKO *et al.*, 1994; JACKSON e ZAVE, 1993; LOUCOPOULOS e KATSOULI, 1992; NELLBORN *et al.*, 1992; CHUNG *et al.*, 2000; MYLOPOULOS *et al.*, 2001; CASTRO *et al.*, 2002) é o de que uma especificação de requisitos deve modelar não somente aspectos funcionais da aplicação, mas também aqueles relacionados com a organização (requisitos do domínio) onde o *data mart* deverá operar, além de outros que definem *restrições* a serem impostas ao seu desenvolvimento (requisitos não-funcionais).

O documento de requisitos de um *data mart* contém todos os requisitos funcionais, não funcionais e de qualidade do software, incluindo as capacidades do produto, os recursos disponíveis, os benefícios e os critérios de aceitação. Devido à importância do documento de requisitos para o processo de desenvolvimento, é fundamental que este documento seja organizado de forma a melhorar a compreensão e a legibilidade dos requisitos, evitando que problemas e erros surjam na fase de implementação do *data mart*.

Orienta-se que o documento de requisitos seja escrito com os seguintes critérios:

1. Iniciar com "O data mart deve ...".

2. Os requisitos devem estar organizados logicamente. O documento inicia com os requisitos de entrada, segue com os de processamento e por último os requisitos de saída.

3. Cada requisito deve ser identificado por um código.

4. Os requisitos devem estar divididos em funcionais e não funcionais.

Para melhor correlacionar os requisitos do problema (especificação) com os requisitos da solução adotada (arquitetura), os seguintes conceitos devem ser investigados durante a modelagem dos requisitos de um *data warehouse*:

1. Representar fatos e suas propriedades. Fatos são elementos centrais em *data warehouses*. Analisar os requisitos do usuário implica identificar *fatos* e suas propriedades por intermédio das métricas ocultas na demanda do usuário. Por exemplo, a especificação de uma aplicação OLAP para análise da situação de hipotecas habitacionais deve considerar o fato "pagamento das prestações", e suas propriedades discretas "montante pago" e "saldo devedor", como requisitos essenciais do *data mart*. Um outro requisito determinante do potencial de suporte à decisão

do *data warehouse* é o grau de aditividade dessas métricas, i.e., a capacidade da métrica de ser "operada" (somada, contada, extraída a média) numa dada perspectiva de análise do tomador de decisão;

2. Distinguir e conectar dimensões a fatos. Dimensões fornecem a chave para a análise estratégica das métricas de fato armazenadas no repositório de dados. Sua identificação é essencial para a correta modelagem do *data mart*. Muitas vezes, a análise de uma simples declaração do usuário dá margem à descoberta de um número de dimensões candidatas. Por exemplo, a sentença "analisar as vendas mensais de itens individuais em estoque por loja" claramente explicita as dimensões tempo, produto e loja, as quais estão conectadas ao fato montante de vendas. Perceber as dimensões e os fatos inseridos nos requisitos do usuário é um aspecto crítico na análise dos requisitos de *data warehouse*, bem como um ponto com forte tendência a erros de concepção.

3. Garantia de Agregabilidade (*Summarizability*). Um requisito não-funcional essencial a aplicações *data warehouse* é a garantia de corretude dos resultados agregados ao longo do esquema multidimensional, em qualquer combinação de dimensões e fatos associados. Essa característica é conhecida como *summarizability* (LENZ *et al.*, 1997), aqui referenciada como agregabilidade. O problema está em que nem todas as possíveis agregações de métricas ao longo de dimensões fazem sentido no contexto de uma certa aplicação. Por exemplo, dada uma dimensão "mutuários", somar valores ou extrair médias dos saldos devedores de suas hipotecas são operações bastante plausíveis; no contexto da dimensão "tempo", porém, a soma desses valores de saldo parece sem sentido, o que não invalida

que se extraiam médias e outras análises estatísticas a partir dessa métrica. Muito embora a existência de problemas de agregabilidade seja um fato, falhas desnecessárias na construção do esquema dimensional podem ser evitadas expressando-se claramente os requisitos que restringem a agregação de dados na aplicação, bem como estabelecendo-se uma conformidade entre fatos e dimensões comuns ao mesmo tempo a *data marts* e ao modelo dimensional global do *data warehouse*. No contexto do PDW, adota-se a abordagem de HUSEMANN *et al.* (2000) para evidenciar os níveis de agregabilidade entre métricas e dimensões.

4. Representar a integração com fontes provedoras. Em ambientes *data warehouse*, o dado é coletado a partir de diferentes fontes internas e/ou externas à organização. Essa atividade envolve, além de importar dados de todo o tipo de base de dados, considerações sobre requisitos informais oriundos diretamente do negócio, que requerem a definição de ações específicas para sua inclusão no repositório (ex. importar dados de um banco de dados pessoal, geração de interfaces para alimentação de dados manual pelo cliente, leitura de planilhas e relatórios gerenciais). Entender os requisitos e procedimentos relacionados com esse processo de integração é fundamental para o projeto de uma plataforma *data warehouse* de qualidade, bem como para a segurança de que a aplicação definida não apresenta resultados inconsistentes.

5. Acompanhamento rápido de mudanças em requisitos do usuário. Um problema comum em *data mart*s convencionais, acompanhar as mudanças em requisitos assume uma importância exponencial no desenvolvimento de aplicações *data warehouse*. Até mesmo mudanças ditas "insignificantes" podem

comprometer o ciclo de alimentação do repositório e a validade dos dados derivados, afetando o potencial de suporte à decisão da aplicação. Por exemplo, uma mudança na lei de composição de um atributo de dimensão para substituir "brancos" por "zeros", mesmo que impactando apenas os dígitos mais à esquerda e preservando o conteúdo do campo no repositório, pode implicar a revisão de todo o processo de transformação e carga dos dados.

6. Documentação de alta qualidade. Diferentemente dos sistemas de informação, cuja documentação precisa ser "concebida do zero", *data warehouses* sempre envolvem desenvolvedores com o exame de documentação operacional pré-existente para definir os meios e processos para integração dos dados operacionais. A não ser por raras exceções, tal documentação legada não possui a qualidade necessária, transformando a extração dos requisitos técnicos em uma atividade custosa e propensa a falhas na interpretação (ex. a falta de manutenção da documentação pode levar à definição de regras de extração baseadas em campos cujo formato não reflete a realidade, ou que simplesmente foram exportados para outra tabela). Dessa forma, uma documentação de alto nível, projetada especialmente para acomodar requisitos de suporte à decisão e disseminada entre ambos os lados (fornecedor e consumidor) provê uma interface genérica para a extração desses requisitos.

As seções seguintes discutem as principais abordagens para a modelagem de requisitos organizacionais, funcionais e não-funcionais.

3.2.1 Modelagem de Requisitos Organizacionais

Uma organização pode ser vista como uma estrutura social que inclui desde indivíduos até grupos de indivíduos, ou até mesmo outras organizações (LOUCOPOULOS e KARAKOSTAS, 1995). Todos esses participantes compartilham recursos (material e informação) e provêm serviços que contribuem para os objetivos gerais da organização. Um modelo de requisitos organizacionais descreve conhecimento e considerações importantes sobre o ambiente para o qual a aplicação se destina. Esse modelo define tipicamente (*a*) estruturas organizacionais; (*b*) objetivos e metas; (*c*) atividades, processos e produtos; (*d*) agentes e papéis de trabalho.

A modelagem organizacional visa descrever os requisitos ilustrativos de um *data mart* em relação a seus agentes, papéis, metas, responsabilidades e aspectos similares. Um dos problemas da fase de requisitos no ciclo de vida de desenvolvimento encontra-se no fato de que nem sempre as tarefas de cada uma das atividades são bem distribuídas entre cada um dos participantes da equipe de desenvolvimento (KOTONYA e SOMMERVILLE, 1997). Modelos organizacionais (CASTRO *et al.*, 2001) definem papéis a serem representados por cada um dos componentes da equipe e as tarefas de cada um dos papéis dentro do processo escolhido.

As primeiras abordagens para inserção de modelos organizacionais numa especificação de requisitos incluem os trabalhos de MERCURIO *et al.* (1990). Trabalhos posteriores expandem a visão sobre o modelo organizacional, reconhecendo a vantagem de se examinar a organização a partir de múltiplas perspectivas (DOBSON, 1992; NELLBORN *et al.*, 1992; YU e MYLOPOULOS *et al,* 1992). Essas abordagens consideram modelos organizacionais como ferramentas adequadas à construção gradual de uma especificação de requisitos funcionais e não-funcionais, e a sua interligação com aspectos gerais da organização. Conceitos como dependência de objetivos e metas fornecem uma ligação entre requisitos estratégicos de alto nível e requisitos operacionais e provêm oportunidades para a análise de correspondência entre expectativas de alto nível e os processos atuais (ANTON *et al.*, 1994).

Em particular, a necessidade de uma análise das metas (*goals*) durante o desenvolvimento do *data mart* é amplamente aceita na comunidade acadêmica (MITTERMEIR *et al.*, 1990; DARDENNE *et al.*, 1993; YU e MYLOPOULOS, 1994; CHUNG *et al.*, 2001). Alguns autores (LOUCOPOULOS e KARAKOSTAS, 1995; CASTRO *et al.*, 2001; VAN LAMSWEERDE, 2001) afirmam que desenvolvedores de software devem entender não somente o que estão desenvolvendo, mas também o propósito do *data mart* em questão. Nesse contexto, um *data mart* é considerado como a realização de um conjunto de metas organizacionais. A rede de metas interligadas gerada deriva uma infinidade de alternativas de implementação. Essas alternativas devem ser elaboradas de forma a determinar o grau com o qual um conjunto de metas dá suporte a uma dada operacionalização. Um exemplo dessa abordagem aplicada à indústria é reportado em POTTS (1994).

Em resumo, a modelagem de metas organizacionais é importante por várias razões: (*a*) leva à incorporação de componentes de requisitos de acordo com metas de negócio da empresa; (*b*) justifica e explica a presença desses componentes; (*c*) pode ser usado para atribuir responsabilidades a agentes do *data mart* e compromissos entre partes interessadas com relação à aplicação; (*d*) fornece uma base para a detecção e resolução de conflitos que surgem a partir dos múltiplos pontos de vista entre agentes humanos (DARDENNE *et al.*, 1993). Várias técnicas têm sido propostas com o intuito de modelar ambientes organizacionais, incorporando as diretrizes anteriores. Dentre as principais estratégias, pode-se citar YU (1995), BUBENKO e WANGLER (1993), KAOS (VAN LAMSWEERDE *et al.*, 1991) e TROPOS (CASTRO *et al.*, 2001).

3.2.2   Modelagem de Requisitos Funcionais

As abordagens iniciais para modelagem dos requisitos de software eram primordialmente dirigidas à identificação e descrição do conteúdo e estrutura do *data mart*: seus requisitos funcionais. Ainda na década de 70, a modelagem de requisitos funcionais era dominada pelos chamados métodos de desenvolvimento estruturados. ROSS e SCHOMAN (1977) foram precursores nesse campo ao descrever em seu artigo de forma elegante o papel das metas, pontos de vista (EASTERBROOK, 1994), dados, operações, agentes e recursos como elementos potenciais de uma ontologia para a engenharia de requisitos. Em trabalho seguinte, os mesmos autores introduziram a técnica de modelagem SADT – *Structured Analysis and Design Technique* (ROSS e SCHOMAN, 1977a) tendo como base a formalização de uma declaração do *data mart* por meio de múltiplos modelos interligados, cada um representando uma visão dos dados e operações que compõem o *data mart* e como esses elementos estão relacionados.

Outras técnicas foram desenvolvidas no final dos anos 70, tais como diagramas de Entidade-Relacionamento (CHEN, 1976) para a modelagem de dados, análise estruturada (DeMARCO, 1978) para a modelagem de operações passo a passo, e diagramas de transição de estado (WASSERMAN, 1979) para a modelagem das interações com o usuário. Essas técnicas ganharam popularidade pela simplicidade e foco eficiente em aspectos individuais da modelagem do *software*. Em contrapartida, sofriam de escopo e expressividade limitados devido ao pouco suporte ontológico e a facilidades de estruturação limitadas (VAN LAMSWEERDE, 2000).

A linguagem de modelagem de requisitos (RML) (GREENSPAN *et al.*, 1994) introduziu conceitos semanticamente mais ricos como generalização, agregação e classificação, servindo de embrião para as primeiras abordagens orientadas a objeto. Várias abordagens para engenharia de requisitos baseadas em conceitos de orientação a objetos foram propostas em seguida (COLBERT, 1989; COAD e YOURDON,

1991; RUMBAUGH *et al.*, 1991; JACOBSON, 1992). O paradigma orientado a objetos trouxe uma série de benefícios à modelagem de requisitos funcionais tais como modularidade, encapsulamento, abstração de aspectos de alto nível e reusabilidade. O aperfeiçoamento das técnicas orientadas a objeto deu origem à OMT (*Object Modelling Technique*) (RUMBAUGH *et al.*,1991) e posteriormente ao método de Jacobson (JACOBSON, 1992).

JACOBSON (1992) descreve dois modelos em suporte à fase de definição de requisitos. O modelo de requisitos, idealizado para capturar os requisitos do usuário pela especificação de todo o escopo de funcionalidades que a aplicação deve executar, em colaboração direta com o usuário. E o modelo de análise, que constitui a base para a estrutura do *data mart*, especificando todos os objetos lógicos a serem incluídos e seus relacionamentos.

O modelo de requisitos de JACOBSON (1992) consiste de casos de uso, descrições de interface e modelos de domínio de problema. O modelo de casos de uso utiliza atores para modelar o que existe externamente ao *data mart* e casos de uso para representar as operações a serem executadas pelo *data mart* (Figura 22). Um caso de uso descreve uma sequência de ações que um *data mart* executa com o intuito de produzir um resultado de valor para um ator particular (LEFFINGWELL e WIDRIG, 2000). Atores são diferenciados de usuários, os quais são pessoas que usam o *data mart*, enquanto atores representam papéis que esses usuários e sistemas origem devem desempenhar. Atores interagem com o *data warehouse* por meio da sequência de passos relatada nas especificações de casos de uso.

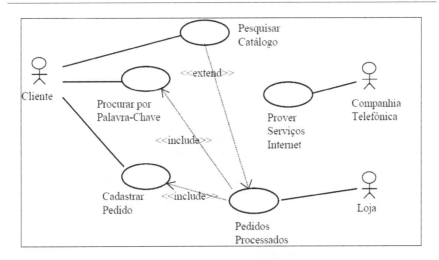

Figura 23 - Exemplo de Modelo de Casos de Uso de Jacobson.

Um dado caso de uso pode representar diferentes cenários de execução das funcionalidades do *data mart*. Cenários estão para casos de uso assim como instâncias estão para classes, significando que um cenário é basicamente uma instância de um caso de uso. Vários caminhos (cenários) podem ser seguidos dependendo do contexto na execução do *data mart*. Considera-se que o caminho básico para realizar um caso de uso, sem problemas e sem erros em nenhum dos passos da sequência, é denominado de cenário primário. Neste tipo de cenário, a execução dos passos para realizar a funcionalidade básica do caso de uso, é obtida com sucesso. Por outro lado, caminhos alternativos, bem como situações de erro, podem ser representados através de cenários secundários ou alternativos. Cenários secundários descrevem sequências alternativas e de erros que podem ocorrer em um cenário primário associado com um caso de uso. Cenários secundários podem ser descritos separadamente ou como extensão da descrição de um cenário primário.

Diagramas de casos de uso são representados na Linguagem de Modelagem Unificada ou UML (*Unified Modeling Language*) (BOOCH *et al.*, 1999). A UML oferece ainda outros recursos para refinar fluxos de eventos em casos de uso. A ideia consiste basicamente em incluir relacionamentos que permitam descrever diversos aspectos de comportamento entre casos de uso. Os relacionamentos permitidos pela UML incluem:

1. Relacionamento do tipo *<<include>>*: quando for detectado no *data mart* um conjunto de passos comuns a vários casos de uso, pode-se criar um caso de uso com estes passos, com potencial para ser reutilizado por outros casos de uso. A idéia consiste em abstrair em um relacionamento do tipo *<<include>>*: quando for detectado no *data mart* um conjunto de casos de uso específicos, um comportamento comum a vários casos de uso, podendo os demais casos de uso fazer uso do mesmo (i.e. incluí-lo) quando necessário;

2. Relacionamento do tipo *<<extend>>*: utilizado quando existe uma sequência opcional ou condicional de passos que se quer incluir em um caso de uso. Esta sequência de passos deve ser descrita em um caso de uso específico, que poderá ser utilizado por outros casos de uso em certo ponto de sua execução;

3. Relacionamento do tipo *<<generalization>>*: generalização entre casos de uso tem o mesmo significado de generalização entre classes na orientação a objetos. Isto significa que um caso de uso "filho" herda o comportamento e estrutura do caso de uso "pai". Considera-se que um caso de uso "filho" é uma especialização do caso de uso "pai", podendo adicionar nova estrutura e comportamento.

Estudos recentes têm demonstrado a importância do uso de técnicas baseadas em casos de uso e cenários para a especificação de requisitos de *data mart* (WEIDENHAUPT *et al.*, 1998; JARKE e KURKI-SUONIO, 1998). Adicionalmente, modelos baseados em casos de uso demonstram-se mais eficazes que questionários e entrevistas na resolução de problemas de comunicação e transferência de conhecimentos entre desenvolvedores, devido à proximidade conseguida com as sessões de "relato de histórias" promovidas pelos casos de uso. Outro progresso importante é a possibilidade de se integrar modelagem funcional com modelagem organizacional (SANTANDER, 2002).

3.2.3 Modelagem de Requisitos Não-Funcionais

Os requisitos não-funcionais são aqueles relacionados ao uso da aplicação em termos de desempenho, usabilidade, confiabilidade, segurança, disponibilidade, manutenibilidade e tecnologias envolvidas. Em geral, requisitos não-funcionais podem constituir restrições aos requisitos funcionais e não é preciso o cliente dizer sobre eles, pois eles são características mínimas de um software de qualidade, ficando a cargo do desenvolvedor optar por atender esses requisitos ou não. Suas principais características são:

1. Demonstram qualidade e ou restrições acerca dos serviços ou funções disponibilizadas pelo *data mart*. Ex.: restrições de tempo, restrições sobre o processo de desenvolvimento, padrões etc.

2. Surgem conforme a necessidade dos usuários, em razão de restrições de orçamento e outros fatores.

3. Podem estar relacionados à confiabilidade, tempo de resposta e espaço nas mídias de armazenamento disponíveis.

Caso ocorra falha do não atendimento a um requisito não-funcional, poderá tornar todo o *data mart* ineficaz.

Os requisitos não-funcionais podem ser classificados em:

1. Requisitos de produtos. Requisitos que especificam o comportamento do produto. Ex.: portabilidade; tempo na execução; confiabilidade, mobilidade etc.

2. Requisitos da organização. Requisitos decorrentes de políticas e procedimentos corporativos. Ex.: padrões, infraestrutura etc.

3. Requisitos externos: Requisitos decorrentes de fatores externos ao *data mart* e ao processo de desenvolvimento. Ex.: requisitos de interoperabilidade, legislação, localização geográfica etc.

4. Requisitos de facilidade de uso. Ex.: usuários deverão operar o *data mart* após um determinado tempo de treinamento.

5. Requisitos de eficiência. Ex.: o *data mart* deverá processar *n* requisições por um determinado tempo.

6. Requisitos de confiabilidade. Ex.: o *data mart* deverá ter alta disponibilidade. Ex. 99% do tempo.

7. Requisitos de portabilidade. Ex.: o *data mart* deverá rodar em todas as estações da diretoria da organização.

8. Requisitos de entrega. Ex.: um relatório de acompanhamento deverá ser fornecido toda segunda-feira.

9. Requisitos de implementação. Ex.: o *data mart* deverá ser desenvolvido na linguagem Java.

10. Requisitos de padrões. Ex.: uso de programação ETL em uma determinada plataforma.

11. Requisitos de interoperabilidade. Ex.: o *data mart* deverá fazer carga a partir de uma base de dados Oracle.

12. Requisitos éticos. Ex.: o *data mart* não apresentará aos usuários quaisquer dados de cunho privativo.

13. Requisitos legais. Ex.: o *data mart* deverá atender às normas legais de um determinado segmento.

14. Requisitos de integração. Ex.: o *data mart* de vendas deve se integrar ao *data mart* de estoques.

3.2.4 Conformidade de Requisitos

A conformidade de requisitos é uma etapa particular da especificação de *data warehouses*. Projetos de *data warehouse* somente podem ser bem-sucedidos se suas peças de montagem fazem sentido em dois universos interdependentes: a visão orientada a assunto dos *data marts* e o esquema global do *data warehouse*.

Tentativas de definir peças isoladas do *data warehouse* que, ao final, não podem ser funcionalmente integradas concorrem fortemente para o fracasso do projeto. Antes de construir um *data mart* departamental ou o *data warehouse* de toda a organização, é imperativo que a equipe de desenvolvimento considere a arquitetura multidimensional proposta dentro de uma visão corporativa de todos os dados da organização. Dentro desse princípio, KIMBALL *et al.* (1998a) defende que, quando se espera construir um *data warehouse* que seja robusto e resistente em face à contínua evolução dos seus requisitos, deve-se aderir a uma especificação de *data mart* na qual dimensões e fatos comuns estão em conformidade entre todos os *data marts*.

Uma dimensão está em conformidade quando tem o mesmo significado para toda tabela fato à qual está ligada. A dimensão tempo é um exemplo clássico de dimensão em conformidade, visto que uma das funções primárias em um *data warehouse* é a soma de métricas de fato ao longo do tempo. De maneira similar, um fato está em conformidade com o esquema global do *data warehouse* se a mesma terminologia para representação do seu conteúdo é usada ao longo de todos os *data marts* constituintes. Exemplos típicos de fatos que requerem conformidade são vendas do produto, lucro obtido, preços padrão e custos padrão. Quando presentes em mais de uma tabela-fato, esses fatos devem possuir o mesmo formato, mesma regra de formação, mesma lei de cálculo e definidos no mesmo contexto dimensional.

Neste texto, a abordagem do conceito de conformidade é estendido a um patamar maior de abstração onde todos os requisitos comuns do *data mart* são postos em conformidade. Define-se que um requisito está em conformidade se este é comum a vários ou todos os *data marts* e é descrito identicamente em cada uma das diferentes visões de assunto do *data warehouse*.

Mais do que apenas aspectos multidimensionais, requisitos em conformidade respondem por cada funcionalidade, característica ou restrição ao desenvolvimento do *data mart* que guarda o mesmo raciocínio por todo o projeto, devendo ser, portanto, representados de forma única. Em outros termos, conformidade de requisitos é mais uma das múltiplas facetas do reuso de requisitos.

Requisitos em conformidade trazem os seguintes benefícios para a especificação de plataformas *data warehouse*:

1. Evitam redundância e ambiguidade entre requisitos que permeiam o *data warehouse* como um todo.

2. Permitem que dimensões comuns sejam relacionadas com múltiplos fatos no mesmo espaço de banco de dados.

3. Em conjunto com abordagens orientadas a cenário (ex. casos de uso), possibilita o reuso de conhecimento previamente acordado no escopo do projeto, promovendo, dessa forma, a melhoria da qualidade.

4. Melhora a consistência das interfaces do usuário e do conteúdo dos dados agregados onde quer que seja feito uso do modelo comum (em conformidade).

5. Facilita a integração requerida entre data marts, permitindo que a arquitetura multidimensional trabalhe como um todo único.

6. Propicia escalabilidade e facilita a evolução do data warehouse.

7. Facilita a aderência a padrões de projeto e organizacionais.

Cabe ao time de projeto estabelecer, publicar, manter e reforçar a conformidade de requisitos. Após cada fase de documentação, todos os documentos de especificação devem ser analisados para identificar aqueles requisitos que representem aspectos gerais do *data warehouse*. Engenheiros de software devem estar atentos para reconhecer sobreposições e similaridades entre requisitos e proceder a ajustes na sua especificação para mantê-los em conformidade, quando possível, com um modelo de requisitos global, promovendo inclusive requisitos a artefatos de mais alto nível de abstração se necessário.

3.2.5   Validação de Requisitos

A validação de requisitos é definida como o processo que certifica que o documento de requisitos gerado esteja consistente com as necessidades e intenções de clientes e usuários. Essa visão da atividade de validação retrata um processo contínuo, ocorrendo na maior parte do tempo em paralelo com as fases de elicitação e especificação (análise, negociação e documentação). De fato, a validação não é só aplicada ao modelo final de requisitos, mas também a todos os modelos intermediários gerados ao longo do processo de requisitos.

Validar os requisitos significa confirmar que o documento de requisitos e suas especificações complementares refletem as reais necessidades dos clientes e usuários finais, autenticando os artefatos que servirão de base para as fases subsequentes do processo de desenvolvimento. Em geral, a validação deve criar os meios necessários para que ocorra um consenso entre as partes envolvidas no projeto, geralmente com objetivos conflitantes. Validação não é, pois, uma tarefa fácil e pode requerer várias sessões de trabalho até que todos encontrem não somente pontos de concordância a respeito dos requisitos, mas principalmente visualizem as implicações futuras de suas decisões. Nesse sentido, a participação de especialistas de domínio contribui sobremaneira para a orientação de clientes, usuários e desenvolvedores na resolução de possíveis impasses.

Os elementos de entrada para a validação de requisitos são o documento de requisitos, diagramas complementares, padrões e conhecimento sobre a organização. Como saída, obtém-se uma lista de requisitos acordados, ações acordadas e documentação revisada. De fato, enquanto fases como projeto e implementação possuem o documento de requisitos como fonte para verificação de seus resultados, a validação de requisitos não possui uma representação similar que possa ser usada como base. Ou seja, não existe um meio para demonstrar que uma especificação de requisitos esteja correta em relação a outras representações do *data mart* (KOTONYA e SOMMERVILLE, 1997). Contudo, existe uma variedade de técnicas que podem ser aplicadas para apoiar o processo de validação:

1. Revisões – provavelmente a técnica mais utilizada para validação de requisitos, revisões envolvem um grupo de pessoas lendo e analisando a documentação de requisitos à procura de possíveis problemas. A revisão de requisitos constitui-se de uma reunião formal na qual um engenheiro de requisitos apresenta cada um dos requisitos para crítica e identificação de inconsistências pelo grupo. As inconsistências encontradas são registradas para posterior discussão. O grupo de revisão deve então tomar decisões que se materializam em ações a serem executadas para corrigir os problemas identificados.

2. Prototipação – se um protótipo foi desenvolvido para fins de elicitação de requisitos, faz sentido usá-lo posteriormente para a validação desses requisitos. Porém, protótipos para validação devem ser mais completos e conter requisitos suficientes para garantir que facilidades projetadas para o *data mart* estão de acordo com o uso prático esperado por seus usuários. Protótipos de elicitação normalmente apresentam funcionalidades ausentes e podem não contemplar mudanças acordadas durante o processo de análise dos requisitos. É, portanto, necessário dar continuidade ao desenvolvimento do protótipo durante a etapa de validação.

3. Testes de Requisitos – técnicas baseadas em cenário permitem elicitar e analisar requisitos, enquanto facilitam a criação de casos de teste para os cenários identificados (CYSNEIROS, 2002). A execução dos requisitos implementados pode ser

simulada para demonstrar que todos os requisitos do *data mart* tenham sido considerados e estejam de acordo com o esperado. Se dificuldades existem no sentido de derivar casos de teste para um dado requisito, isso implica que algum tipo de problema com a definição do requisito pode existir (KOTONYA e SOMMERVILLE, 1997). O objetivo com os casos de teste, porém, deve ser o de validar os requisitos e não o *data mart*.

4. *Data mart*s Especialistas – segundo LOUCOPOULOS e KARAKOSTAS (1995), o processo de validação poderia se beneficiar de ferramentas automatizadas que possuam conhecimento de algum aspecto do processo de engenharia de requisitos para o qual estão capacitadas. Esse aspecto pode ser tanto o conhecimento de um método (ex. como aplicar a análise estruturada (YOURDON, 1989) para efetuar engenharia de requisitos), ou o conhecimento sobre um domínio, i.e., conhecimento a respeito do domínio para o qual o software deve ser modelado.

Considerando-se uma plataforma *data warehouse*, é provável que, após várias iterações executando as fases previamente descritas, alguns erros de interpretação e/ou concepção equivocadas a respeito das capacidades analíticas a serem entregues ainda persistam. Muitas vezes, nem o grupo de usuários nem a equipe de desenvolvimento estão confiantes o suficiente de que o produto sendo entregue é capaz de fazer.

Para validação do que foi definido como a especificação para o *data warehouse*, propõe-se a junção entre as técnicas de revisão e prototipação como uma estratégia efetiva para detectar e remover defeitos na especificação, antes que estes se tornem parte do "pacote *data mart*". Durante a reunião de revisão, a linha base final do *data mart* é apresentada para todos os envolvidos, e descrita em termos de seus requisitos funcionais e de qualidade. O protótipo desenvolvido na ferramenta OLAP auxilia o reconhecimento pelos usuários dos aspectos arquiteturais que implementam os requisitos especificados.

Quando problemas são identificados, a especificação é revista no contexto do requisito funcional, não-funcional ou do domínio multidimensional que dá origem à inconsistência. O time de validação deve gerar imediatamente uma lista de ações em resposta a cada um dos casos, e acordar entre os envolvidos com as ações propostas. O processo de desenvolvimento retorna à fase de especificação, onde as ações são aplicadas para adequar a especificação dos requisitos às definições corretas. É importante que as ações considerem tanto uma revisão conceitual quanto arquitetônica do esquema implementado. O time de prototipação, juntamente com os especialistas em banco de dados, deve efetuar uma análise dos impactos das alterações acordadas no esquema multidimensional implementado. Outro fator importante durante a validação dos requisitos do *data warehouse* é incluir especialistas de domínio que não estiveram envolvidos com a engenharia dos requisitos do *data mart*. Revisores externos enriquecem o processo de análise, na medida em que não estão atrelados a noções preconcebidas da solução.

Qualidade de software pode ser definida como conformidade:

1. A requisitos funcionais e de desempenho explicitamente declarados.

2. A padrões de desenvolvimento claramente documentados.

3. A características implícitas que são esperadas de todo software profissionalmente desenvolvido.

Assim, verificar se os requisitos se encontram implementados corretamente nos modelos do processo de desenvolvimento de *data marts* torna-se uma atividade de extrema importância.

É interessante que esta verificação seja feita por pessoas que conheçam os modelos e a padronização adotada pela organização, mas não tenham se envolvido na especificação dos requisitos. Uma vez encontradas inconsistências, estas devem ser avaliadas. Neste processo, podem ser utilizadas matrizes de rastreabilidade com os modelos do processo de desenvolvimento de software definidos.

Checklists estruturam o processo de validação de forma que aspectos importantes não sejam esquecidos. Embora sejam semelhantes aos *checklists* de análise, os *checklists* de validação devem focalizar aspectos de qualidade do documento de requisito como um todo, bem como os relacionamentos entre os requisitos. Algumas questões podem ser relacionadas para checar se algum requisito está ausente, se os requisitos estão consistentes e não contraditórios, se o documento está estruturado de forma a facilitar o entendimento, se foi feito o rastreamento dos requisitos ou se o documento está de acordo com os padrões.

Checklist de verificação de requisitos do PDW:

1. Cada requisito está escrito em linguagem clara, concisa e objetiva?
2. Cada requisito pode ser verificado por teste, demonstração, revisão ou análise?
3. Cada requisito está dentro do escopo do projeto?
4. Os requisitos estão descritos em um nível de detalhe consistente e apropriado?
5. Todo requisito é único e está identificado corretamente?
6. Os requisitos fornecem uma base adequada para a análise e construção do *data mart*?
7. Todos os requisitos são realmente requisitos, e não soluções de projeto ou implementação?
8. Todos os requisitos estão priorizados?
9. Cada requisito está livre de erros de ortografia e gramaticais?
10. O documento inclui todas as necessidades conhecidas do usuário ou do *data mart*?

11. Falta informação necessária a algum requisito? Em caso afirmativo, o requisito está marcado para ser decidido em um momento futuro do projeto?

12. Todos os requisitos podem ser implementados dentro das restrições estabelecidas?

13. Todas as mensagens de erro especificadas são únicas e claras?

14. Todas as referências cruzadas com outros requisitos do documento estão corretas?

15. Existem requisitos duplicados ou conflitantes?

16. As considerações de segurança de acesso e dados estão definidas corretamente?

17. Todas as interfaces externas de *hardware*, *software* e comunicação estão definidas?

18. Algoritmos intrínsecos aos requisitos funcionais estão definidos?

19. O comportamento esperado para as condições de erro já identificadas está documentado?

20. Os objetivos de performance estão especificados apropriadamente?

21. Outros objetivos de qualidade estão documentados e quantificados explicitamente, com margem de erro aceitável especificada?

22. Questões de internacionalização foram adequadamente consideradas?

23. O identificador do requisito funcional está no formato RFxxx onde RF-requisito funcional e xxx- número sequencial?

24. O identificador do requisito não funcional está no formato RNFxxx onde RNF-requisito não funcional e xxx- número sequencial?

25. O termo no glossário está no formato GLxxxx onde GL-glossário e xxxx número sequencial ?

26. Os termos estão corretamente nomeados?

27. Todos os interessados tomaram ciência dos requisitos?

A especificação dos requisitos do *data mart* não deve incluir decisões de metodologia, de particularidades tecnológicas de implementação ou aspectos gerenciais de projeto. Assim, a especificação dos requisitos deverá satisfazer os seguintes critérios:

1. Definir completa e corretamente todos os requisitos do *data mart*.

2. Requisitos podem existir em virtude da natureza do problema a ser resolvido, ou em virtude de outras características específicas do projeto.

3. Não descrever qualquer detalhe de desenho ou de implementação. Estes devem ser descritos nos modelos e documentos produzidos pelos respectivos fluxos.

4. Não descrever aspectos gerenciais do projeto, como custos e prazos. Estes devem ser especificados em outros documentos, tais como o plano de projeto do *data mart*.

O que é parte do projeto, e não deve figurar na especificação dos requisitos do *data mart*:

1. Partição do produto em módulos.

2. Alocação de funções aos módulos.

3. Fluxo de informação entre módulos.

4. Estruturas internas de dados.

Requisitos gerenciais do projeto não devem ser incluídos na especificação dos requisitos do *data mart*, tais como:

1. Custo.

2. Cronograma de entregas.

3. Relatórios requeridos.

4. Métodos requeridos de desenvolvimento.

5. Procedimentos de controle da qualidade.

6. Critérios de verificação e validação.

4   Conclusão

Nos dias atuais, de modo contrário a tempos passados, temos informação em excesso e em última instância dados demais. Dados que estão sendo gerados a todo momento e com uma diversidade sempre crescente de qualificadores. O desafio posto, então, ultrapassou a fronteira da persistência e da velocidade de transmissão transformando a recuperação de informação de qualidade no novo desafio.

Este contexto é bastante democrático, pois afeta instituições ricas, menos ricas, públicas, privadas, sem fins lucrativos independente de sua missão ou objetivo. Assim como os sistemas de informação transacionais, os *data warehouses* não são um problema a ser enfrentado pelas instituições. São, de fato, soluções para problemas que podem ser solucionados por eles. Saber diagnosticar que um *data warehouse* é uma solução para o seu problema já é um passo em direção ao sucesso da empreitada.

Tendo como verdade que os *data warehouse* não criam dado ou informação, são destinados a situações em que se necessita de informação estratégica e que que não está disponível em tempo real é possível que a instituição proponha o desenvolvimento de *data marts* orientados para compor o *data warehouse* da instituição.

A proposta da metodologia PDW – Processo de *Data Warehousing*, objeto deste livro, conforme demonstrado ao longo do capítulo que compara as metodologias disponíveis, é uma excelente opção para guiar o seu projeto.

Aqui tratou-se dos conceitos que sustentam, orientam e direcionam a metodogia. Os próximos livros desta série apresentam a metodologia e seus artefatos.

O sucesso do seu projeto de *data warehouse* está agora ao seu alcance.

5 Glossário

1. Fonte de dados. Do inglês *data source* é qualquer um dos seguintes tipos de fontes para dados digitalizados:
   - Banco de dados
   - Arquivo de computador
   - Sistema de informação.
2. Área de recebimento. Modelo de dados do projeto de data warehouse que é imagem da base de dados do sistema de informação origem para recebimento dos dados que serão processados.
3. Área de stage. É um modelo de dados com tabelas que recebem os dados da área de recebimento para posterior carga no data mart. Nesta área os dados são transformados para adequação aos demais data marts da instituição e às particularidades do modelo dimensional do data mart.
4. Arquiteto de informação. Profissional analista de sistemas que atua como modelador da informação que estará presente no data mart.
5. Business Intelligence. Conjunto de teorias, metodologias, processos, tecnologias e estruturas que transformam grandes quantidades de dados que, sozinhos, não significam muito, em informações essenciais para uma boa gestão..
6. Caso de teste. Conjunto de condições usadas para testar um caso de uso.
7. Caso de uso. Técnica de modelagem usada para descrever o que um novo *data mart* deve fazer. Ele é construído baseado nos requisitos funcionais do projeto. Normalmente se refere a uma interface do projeto.
8. Checklist. Lista de verificações.
9. Cronograma. Instrumento de planejamento e controle em que são definidas e detalhadas as atividades e tarefas a serem executadas durante um período estimado de tempo.
10. *Data mart*. Modelo dimensional composto de fatos e dimensões relativos a um segmento temático de informação em um *data warehouse*.
11. *Data Warehouse*. Depósito de dados com a função de prover informações estratégicas de uma instituição.
12. Demandante. Pessoa que solicita parte ou o todo de um projeto de data warehouse.
13. Dicionário de dados. Estrutura descritiva de todos os elementos

de um modelo de dados ou dimensional. Contém as características estruturais e comentários dos atributos.

14. Dimensão. Tabela central de um modelo dimensional.
15. Engenheiro de atributos. Profissional analista de sistema que trabalha projetando os atributos dos modelos de dados e dimensionais.
16. Equipe de projeto. Profissionais que atuam integradamente em um projeto.
17. Equipe de trabalho. Ver equipe de projeto.
18. Estudo de viabilidade técnica. Análise de um projeto para estabelecer se ele é viável em relação a seus custos, recursos necessários e prazo.
19. Fato. Tabela que detalha uma dimensão.
20. Ferramenta OLAP. *Online Analytical Processing*. É uma ferramenta que disponibiliza a seu usuário a capacidade para manipular e analisar um grande volume de dados sob múltiplas perspectivas.
21. Gerenciamento de projetos. Aplicação de conhecimentos, habilidades, ferramentas e técnicas às atividades do projeto a fim de cumprir seus requisitos
22. Grão. Menor nível da informação e é definido de acordo com as necessidades elencadas no início do projeto. Ele é determinado para cada tabela Fato, já que normalmente as Fatos possuem informações e granularidades distintas.
23. Histórico. Registro das alterações em um artefato, em uma tabela, no projeto, no data mart ou no data warehouse.
24. Homologação. comprovação, pelo cliente e demais partes interessadas, de que o produto resultante do projeto de software atende aos critérios de aceite previamente estabelecidos com ele. Inclui elementos de verificação e de validação do produto todo ou de partes do produto selecionadas em comum acordo com o cliente e tem como meta principal a obtenção do aceite do produto.
25. Metodologia. Conjunto estruturado de práticas que pode ser repetível durante o processo de produção de software.
26. Modelagem de dados. Consiste na Analise e Planejamento dos dados que irão compor o Banco.
27. Modelagem dimensional. Modelagem de dados em que as tabelas são estrutura denominadas fatos e dimensões.
28. Modelo ER. Ver Modelo de Dados.
29. MPS-BR. Melhoria do Processo de Software Brasileiro, é um

programa da Softex com apoio do Ministério da Ciência, Tecnologia, Inovações e Comunicações (MCTIC). Com inicio em dezembro de 2003, o programa tem como objetivo melhorar a capacidade de desenvolvimento de software, serviços e as práticas de gestão de RH na indústria de TIC.

30. Organograma. Gráfico que representa a estrutura formal de uma organização. Ou seja, é a representação gráfica clássica de uma estrutura organizacional.

31. PDW. Processo de *data Warehousing*. Metodologia para desenvolvimento de projetos de *data warehouse*.

32. Periodicidade de carga. Recorrência no tempo dos processos de carga de dados em um *data mart*.

33. Plano de projeto. Documento que formaliza todo o planejamento para executar, controlar e encerrar o projeto. Através dele é possível saber qual o objetivo do projeto, quais os custos e tempo estimados, quais recursos serão envolvidos para sua execução, e muito mais.

34. PMI. *Project Management Institute*. É uma organização sem fins lucrativos que tem o objetivo de disseminar as melhores práticas de gerenciamento de projetos em todo o mundo.

35. Projeto. Um esforço temporário empreendido para criar um produto, serviço ou resultado exclusivo.

36. *Rational Unified Process*. RUP. Processo de engenharia de software criado para apoiar o desenvolvimento orientado a objetos, fornecendo uma forma sistemática para se obter vantagens no uso da UML.

37. Requisito funcional. Item descritivo de uma função em um data warehouse ou em seus componentes.

38. Requisito não funcional. Item descritivo de uma característica de funcionamento de um data warehouse ou de seus componentes.

39. *Road Map*. Ferramenta de planejamento que tem a função de mapear o caminho a ser percorrido para obtenção do resultado esperado em um projeto.

40. Roteiro de carga. Sequencia de execução de programas de carga em tabelas do data mart.

41. RUP. Ver *Rational Unified Process*

42. Sistema origem. Sistema de informação em cuja base de dados estão as informações que serão transformadas na base de dados de um data mart.

43. Sistema transacional. Ver sistema origem.

44. Tabela. Estrtura de dados em um modelo de dados.

45. Template. Documento que serve de forma em projeto. Deve ser replicado e preenchido com as informações do projeto.
46. Termo de referência. Documento no qual uma instituição contratante estabelece os termos pelos quais um serviço deve ser prestado ou um produto deve ser entregue por potenciais contratados.
47. UML. Ver *Unified Modeling Language.*
48. *Unified Modeling Language.* Linguagem que define uma série de artefatos para modelagem e documentação em projetos de software.
49. Usuário. Pessoas que utilizam o elemento de tecnologia.
50. Sistemas de informação corporativos. Sistemas de informação que são utilizados por várias áreas.
51. Premissa. Fatores associados ao escopo do projeto que, para fins de planejamento, são assumidos como verdadeiros, reais ou certos, sem a necessidade de prova ou demonstração.
52. Restrição. Limitações impostas ao projeto.
53. Termo de aceite. Documento que formaliza o aceite do projeto pelo demandante.
54. Controle de qualidade. Medição do quanto um item está de acordo com suas especificações.
55. Matriz de rastreabilidade. Diagrama que contrapõe elementos que se mapeiam.
56. Mapa de transformação. Diagrama que mapeia a transformação de um elemento em outro, uma tabela em outra, um atributo em outro.
57. Ator. Um ator é qualquer profissional da instituição demandante que interage com o Data Mart.

6   Bibliografia

ALFORD, M., LAWSON, J., 1979. Software Requirements Engineering Methodology (Development). RADC-TR-79-168, U. S. Air Force Rome - Air Development Center, Griffiss, AFB, NY (Jun), (DDc-AD-A073132).

ANTON, A. I., McCRACKEN, W. M., POTTS, C., 1994. "Goal Decomposition and Scenario Analysis in Business Process Reengineering". In: Proceedings of the 6th International Conference on Advanced Information Systems Engineering (CAiSE'94), Springer, Utrecht, NL (Jun), pp. 94-104.

ASCENTIAL, 2002.   ITERATIONS – Proven Methodology for Successful Business Intelligence Infrastructure. Ascential Software White Paper, September/2002. http://www.ascentialsoftware.com/cgi-bin/litlib.cgi?URL=iterations.pdf.

BATINI, C., CERI, S., NAVATHE, S. B., 1992. Conceptual Database Design – An Entity-Relationship Approach. Benjamin/Cummings, Redwood City.

BELL, T. E., THAYER, T. A., 1976. "Software Requirements: Are They Really a Problem?". In: Proceedings of International Conference on Software Engineering (ICSE-2), San Francisco, CA, pp. 61-68.

BOEHNLEIN, M., ULBRICH-VOM ENDE, A., 1999. "Deriving Initial Data Warehouses Structures from the Conceptual Data Models of the Underlying Operational Information Systems". In: Proceedings of Workshop on Data Warehousing.

BOOCH, G. Object-Oriented Design with Applications. Benjamin Cummings, CA, 1991.

BOOCH, G., RUMBAUGH, J., JACOBSON, I., 1999. The UML User Guide. Addison-Wesley, NY.

BOOCH, Grady object-Oriented Analysis and Design With Aplications, Calofornia, 2 edição, 1994.

BOOCH, Grady; Rumbaugh, James; Jacobson, Ivar. 2000. UML – Guia do Usuário, Campus, Rio de Janeiro, 2000.

BREITNER, C. A., 1997. "Data Warehousing and OLAP: Delivering Just-In-Time Information for Decision Support". In: Proceedings of the 6th International Workshop for Oeconometrics, 6(4), Karlsruhe, Germany (Jun).

BUBENKO, J. A., WANGLER, B., 1993. "Objectives Driven Capture of Business Rules and of Information System Requirements". IEEE Systems Man and Cybernetics'93 Conference, Le Touquet, France.

BUBENKO, J., ROLLAND, C., LOUCOPOULOS, P., de ANTONELLIS, V., 1994. "Facilitating 'fuzzy to formal' Requirements Modelling". In: Proceedings of IEEE International Conference on Requirements Engineering (ICRE), Colorado Springs, USA.

BULOS, D., 1996. A New Dimension. In: Database Programming & Design: 6/1996, pp. 33-37.

CASTRO, J. F. B. 1995. Introdução à engenharia de requisitos. In: XV Congresso da Sociedade Brasileira de Computação, JAI'95, Canela, RS, Brasil, 43p.

CASTRO, J., KOLP, M., MYLOPOULOS, J., 2002. "Towards Requirements-Driven Information Systems Engineering: The TROPOS Project". Information Systems 27(6): 365-389.

CASTRO, J.; KOLP, M.; MYLOPOULOS, J., 2001. "A requirements-driven development methodology". In: Proceedings of the 13th International Conference on Advanced Information Systems Engineering (CAiSE-01), Interlaken, Switzerland.

CHAUDHURI, S., DAYAL, U., 1997. "An Overview of Data Warehousing and OLAP Technology". ACM SIGMOD Record (Mar), Vol. 26, No. 1, pp. 65-74.

CHEN, P., 1976. "The Entity-Relationship Model - Towards a Unified View of Data", ACM Transaction on Database Systems, Vol. 1, No. 1, pp. 9-36.

CHUNG, L., NIXON, B., YU, E., MYLOPOULOS, J., 2000. Non-Functional Requirements in Software Engineering. Kluwer Publishing.

CHUNG, L., SUBRAMANIAN, N., 2001. "Process-Oriented Metrics for Software Architecture Adaptability". In: Proceedings of the 12th International Symposium on Software Reliability Engineering (ISRE), Hong Kong, China.

COAD, P., YOURDON, E., 1991. Object-Oriented Analysis. Englewood Cliffs, N.J., Prentice Hall.

COAD, Peter, YOURDON Edward. 1992. Análise Baseada em Objetos, Rio de Janeiro, Campus, 2 edição.

CODD, E. F., 1972. "Further Normalization of the Database Relational Model". In: R.

CODD, E. F., CODD, S. B., SALLEY, C. T., 1993, "Providing OLAP (Online Analytical Processing) to User Analyst: an IT Mandate". Arbor Software White paper,

CODD, E.F., 1970. "A Relational Model for Large Shared Databanks". Communications of the ACM (Jun), 13(6), pp. 377-387.

COLBERT, E., 1989. "The Object-Oriented Software Development Method: A Practical Approach to Object-Oriented Development. In: Proceedings of the Conference on Tri-Ada'89 - Ada Technology in Context: Application, Development and Deployment, Pittsburgh, Pennsylvania, USA (Jan), pp. 400-415.

COLEMAN, D. et al. 1994. Object-Oriented Development: The Fusion Method. Prentice Hall.

COMPUTER, 1985. Special Issue on Requirements Engineering, IEEE Computer.

CYSNEIROS, G., 2002. "Ferramenta para o Suporte do Mapeamento da Modelagem Organizacional em i* para UML". Centro de Informática, Universidade Federal de

CYSNEIROS, L. M., LEITE, J., 2001. "Using the Language Extended LExicon to Support NFR Elicitation". In: Proceedings of the 5th Workshop on Requirements Engineering, Buenos Aires, Argentina (Nov).

DARDENNE, A., VAN LAMSWEERDE, A., FICKAS, S., 1993. "Goal Directed Requirements Acquisition". Science of Computer Proggraming, 20, pp.3-50.

DAVIS, A., 1992. "Operational Prototyping: A New Development Approach". IEEE Software (Sep/Oct).

DeMARCO, T., 1978. Structured Analysis and System Specification. Yourdon Press.

DEVLIN, B. A., MURPHY, P. T., 1988. "An Architecture for a Business and Information System". IBM Systems Journal, 27(1).

DOBSON, J. S., 1992. "A Methodology for Managing Organizational Requirements". University of Newcastle upon Tyne, UK.

DORFMAN, M., THAYER, R. H., 1990. Standards, Guidelines and Examples of System and Software Requirements Engineering. Los Alamitos, CA, IEEE Computer Society Press.

EASTERBROOK, S., 1994. "Resolving Requirements Conflicts with Computer Supported Negotiation". J. Goguen, M. Jirotka (ed.s) Requirements Engineering: Social and Technical Issues, Academic Press, 41-66.

ELMASRI, R.; WUU, Gene T. J.; KORAMAJIAN, Vram. 1993. A Temporal Model and Query Language for EER Databases. In: Tansel, A. et al. Temporal Databases: theory, designs and implementation. Redwood City: The Benjamim/Cummings Publishing, p.212-229.

ELMASRI, R; KOURAMA-JIAN, Vram. 1992. A Temporal Query Language Based on Conceptual Entities and Roles. In International Conference on the EntityRelationship Approach, 11, 1992, Karlsruhe, Germany. Proccedings Berlin: Springer Verlag, p.375-388. (Lecture Notes in Computer Science, v.645).

FERG, S. 1985. Modeling the Time Dimension in an Entity-Relationship Diagram. In 4th International Conference on the Entity-Relationship Approach, p. 200-286, Silver Spring, MD. Computer Society Press.

GOLFARELLI, M., MAIO, D., RIZZI, S., 1998. "The Dimensional Fact Model: A Conceptual Model for Data Warehouses". International Journal of Cooperative Information Systems, Vol. 7(2&3), pp.215-247.

GOLFARELLI, M., RIZZI, S., 1999. Designing the Data Warehouse: Key Steps and Crucial Issues. Journal of Computer Science and Information Management, Vol. 2, No. 3.

GOLFARELLI, Matteo; RIZZI, Steffano, 2002. WAND: A CASE Tool for Data warehouse Design. Disponível em:https://www.researchgate.net/publication/220965366.

GREENSPAN, S., BORGIDA, A., MYLOPOULOS, J., 1994. " A Requirements Modeling Language and Its Logic". Information Systems, Vol. 11, No. 1, pp. 9-23.

HADDEN, E., KELLY, S., 1997. The Hadden-Kelly Data Warehouse Method 4.0. Hadden & Company – Management Consultants, http://www.hadden-kelly.com/method.htm.

HUSEMANN, B., LECHTENBÖRGER, J., VOSSEN, G., 2000. "Conceptual Data Warehouse Design". In: Proceedings of the 2nd International Workshop on Design

IEEE, 1984. IEEE Std. 830 - IEEE Guide to Software Requirements Specification. The Institute of Electrical and Electronics Engineers, New York, USA.

IEEE, 1998. IEEE/ANSI 830-1998, Recommended Practice for Software Requirements Specifications, IEEE, NY. In: Proceedings of the 22nd International Conference on Software Engineering (ICSE), Limerick, Ireland (Jun).

INMON, W. H., 1992. Building the Data Warehouse. John Wiley & Sons, New Yorkm NY, USA.

INMON, W. H., 1996. Building the Data Warehouse. John Wiley & Sons, New Yorkm NY, USA.2nd edition.

JACKSON, M., 1995. Software Requirements and Specifications: A Lexicon of Practice,

JACKSON, M.; ZAVE, P., 1993. "Domain Descriptions". In: Proceedings of the IEEE International Symposium on Requirements Engineering, IEEE Computer Society Press, San Diego, CA, pp. 56-64.

JACOBSON, I., 1992. Object Oriented Software Engineering: A Use Case Driven Approach. Addison-Wesley, New York.

JARKE, M. KURKI-SUONIO, R. (eds.), 1998. Special Issue on Scenario Managemen, IEEE Transactions on Software Engineering, 24:12.

KIMBALL, R., 1998. The Data Warehouse Toolkit. New York, John Wiley & Sons.

KIMBALL, R., THORNTHWAITE, W., REEVES, L., ROSS, M., 1998a. The Data Warehouse Lifecycle Toolkit: Expert Methods for Designing, Developing and Deploying Data Warehouses. New York, John Wiley & Sons.

KIMBALL, Ralph; et al. 1998b. The Data Warehouse Lifecycle Toolkit: expert methods for designing, developing, and deploying data warehouses. New York: John Wiley & Sons. 771p.

KLOPPROGGE, M. R. 1981. TERM: An Approach to Include the Time Dimension in the Entity-Relationship Model. In Proceedings of the Second International Conference on the Entity Relationship Approach, p. 477-512, Washington, DC.

KOTONYA, G., SOMMERVILLE, I., 1997. Requirements Engineering: Processes and Techniques. Wiley, John & Sons Inc.

LEFFINGWELL, D., WIDRIG, D., 2000. Managing Software Requirements: A Unified Approach. G. Booch, I. Jacobson, J. Rumbaugh (eds.) The Object Technology Series, Addison-Wesley, NY.

LEHNER, W., ALBRECHT, J., WEDEKIND, H., 1998. "Normal Forms for Multidimensional Databases". In: Proceedings of the 8th International Conference on Statistical and Scientific Database Management (SSDBM), IEEE Computer Society.

LEITE, J., et al., 1997. "Enhancing a Requirements Baseline with Scenarios". In: proceedings of the Third IEEE International Symposium on Requirements Engineering, IEEE Computer Society Press, Los Alamitos, CA, USA, pp. 44-53.

LENZ, H-J, SHOSHANI, A., 1997. "Summarizability in OLAP and Statistical Databases". In: Proceedings of the 9th International Conference on Statistical and Scientific Databases, pp. 132-143.

LOUCOPOULOS, P., KARAKOSTAS, V., 1995. System Requirements Engineering, McGraw-Hill, London.

LOUCOPOULOS, P., KATSOULI, E., 1992. Modelling Business Rules in an Office Environment. ACM SIGOIS (Aug).

LOUCOPOULOS, P.; THEODOULIDIS,C.; WANGLER, B. 1991. The Entity Relationship Time Model and Conceptual Rule Language. In International Conference on the Entity Relationship Approach, 10, San Mateo, California.

MACAULAY, L. A., 1996. Requirements Engineering. Springer, London. Referências MacDONALD, I. G., 1986. "Information Engineering". In: Olle T. W., Sol H. G., e Verrijn- Stuart A. A. (eds.) Information System Design Methodologies: Improving the Practice, Elsevier/North Holland, Amsterdam.

MACEDO, N., LEITE, J., 1999. "Elicit@99: Um Protótipo de Ferramenta para a Elicitação de Requisitos". In: Proceedings of the II (Ibero-American) Workshop on Requirements Engineering (WER99), Buenos Aires, Argentina (Sep).

MAIDEN, N., 1998. "CREWS-SAVRE: Scenarios for Acquiring and Validating Requirements". Automated Software Engineering, 5(4): 419-446.

McDERMID, J., 1994. "Requirements Analysis: Orthodoxy, Fundamentalism and Heresy". In: Jirotka M. e Goguen J. A. (eds.) Requirements Engineering: Social and Technical Issues, Academic Press, London, pp. 17-40.

MERCURIO, V., MEYERS, B. F., NISBET, A. M., RADIN, G., 1990. AD/Cycle Strategy and Architecture. IBM Systems Journal, 29(2).

MITTERMEIR, R. T., ROUSOPOULOS, N., YEH, R. T., NG, P. A., 1990. "An Integrated Approach to Requirements Analysis". In: P. Ng, R. Yeh (eds.) Modern Software Engineering: Foundation and Current Perspectives, Van nostrand Veinhold, NY, pp. 450-461.

MOHANIA, M., SAMTANI, S., RODDICK, J., KAMBAYASHI, Y., 1999. "Advances and Research Directions in Data Warehousing Technology". Research Report ACRC-99-006, School of Computer and Information Science, University of South Australia.

MOODY, D. L., KORTINK, M. A. R., 2000, "From Enterprise Models to Dimensional Models: A Methodology for Data warehouse and data mart Design". In: Proceedings of the International Workshop on Design and Management of data warehouses (DMDW), M. Jeusfeld, H. Shu, M. Staudt, G. Vossen (eds.), Stockholm, Sweden (Jun).

MYLOPOULOS, J., CHUNG, L., LIAO, S., WANG, H., YU, E., 2001. "Exploring Alternatives during Requirements Analysis". IEEE Software (Jan/Feb), pp. 2-6.

MYLOPOULOS, J., CHUNG, L., NIXON, B., 1992. "Representing and Using Non-Functional Requirements: A Process-Oriented Approach". IEEE Transactions on Software Engineering, Vol. 18, No. 6 (Jun), pp. 483-497.

NASH, T., ONDER, J., 2002. The Approach to Building a Business-Driven Data warehouse. Headstrong Company White Paper.

NELLBORN, C., BUBENKO, J., GUSTAFSSON, M., 1992. "Enterprise Modelling – The Key to Capturing Requirements for Information Systems". Deliverable 3-1-3-R1,

NUSEIBEH, B., EASTERBROOK, S., 2000. "Requirements Engineering: A Roadmap".

PAIM, F. R. S., CARVALHO, A. E., CASTRO, J. B., 2002. "Towards a Methodology for Requirements Analysis of Data warehouse Systems". In: Anais do XVI Simpósio Brasileiro de Engenharia de Software (SBES'2002), Gramado, Rio Grande do Sul, Brasil, pp. 146-161.

PAIM, Fábio Rilston Silva, 2003. Uma Metodologia par Definição de Requisitos em Sistemas Data warehouse. Dissertação de mestrado. Disponível em http://www.cin.ufpe.br/~if696/referencias/warehousing/Uma_Metodologia_para_A nalise_de_Requisitos_em_Sistemas_Data_Warehouse.pdf

PEDERSEN, T. B., JENSEN, C. S., 1999. "Multidimensional Data Modeling for Complex Data". In: Proceedings of 15th International Conference on Data Engineering (ICDE),

POHL, K., 1993. "The Three Dimensions of Requirements Engineering". In: Rolland C., Bodart F., Cauvet C. (eds.) 5th International Conference on Advanced Information Systems Engineering (CAiSE'93), Springer-Verlag, Paris, pp. 275-292.

POHL. K., 1996. Process Centered Requirements Engineering. Number 5 in Advanced Software Development Series, Wiley & Sons Ltd., England.

POTTS, C., 1994. Requirements completeness, Enterprise Goals and Scenarios. Research Report, College of Computing. Georgia Tech, USA.

POWER, D. J., 2000. Decision Support Systems Hyperbook. Cedar Falls, IA:

PRIETO-DIAZ, R., 1990. "Domain Analysis: An Introduction". ACM SIGSOFT, Software Engineering Notes, Vol. 15, No. 2 (Apr), pp. 47-54.

RATIONAL SOFTWARE CORPORATION., 2001. Rational Unified Process: Artifacts Notation. www.rational.com/ products/rup/index.jsp.

RATIONAL SOFTWARE CORPORATION. 1997. Unified Modeling Language: UML Semantics, Version 1.1, http://www.rational.com.

ROBINSON, R., 1996. "Put The Rapid Into RAD". Datamation, Vol. 42, No. 4 (Feb), 80(1).

ROSS, D., SCHOMAN, A., 1977a. "Structured Analysis (SA): A Language for Communicating Ideas". IEEE Transactions on Software Engineering, 3(1): 16-34.

ROSS, D., SCHOMAN, A., 1977a. "Structured Analysis for Requirements Definition". IEEE Transactions on Software Engineering (special issue on requirements analysis), 3(1):6-15.

RUMBAUGH, J. et al., 1991. Object-Oriented Modeling and Design. First Edition, Prentice Hall, Englewood Cliffs, NJ, 1991.

RUMBAUGH, James; Blaha, Micheael; Prremerlani, William; Eddy, Frederick; Lorensen, W. 1994. Modelagem e Projetos Baseados em Objetos, Campus.

SANTANDER, V. F. A., 2002. "Integrando Modelagem Organizacional com Modelagem Funcional". Centro de informática, Universidade Federal de Pernambuco, Tese de Doutorado, Dezembro/2002.

SAPIA, C., BLASCHKA, M., HÖFLING, G., DINTER, B., 1998. "Extending the E/R Model for the Multidimensional Paradigm". In: Proceedings of the International Workshop on Data warehouse and Data mining (DWDM, in connection with ER'98) (Nov), Singapore.

SCHNEIDER, G., WINTERS, J., 1998. Applying Use Cases: A Practical Guide. Addison-Wesley, New York.

SHARP, H., FINKELSTEIN, A., GALAL, G., 1999. "Stakeholder Identification in the Requirements Engineering Process". Workshop on Requirements Engineering Process, Florence, Italy.

SHAW, M., GAINES, B., 1995. "Requirements Acquisition". Software Engineering Journal, vol. 11.

SHOSHANI, A., 1982. "Statistical Databases: Characteristics, Problems and Some Solutions." In: Proceedings of the 8th International Conference on Very Large Data Bases (VLDB), Mexico City, Mexico (Sep), pp. 208-213.

SNODGRASS, r. 1985. A Temporal Query Language. In Conference: Proceedings of the 1985 ACM SIGMOD International Conference on Management of Data, Austin, Texas, May 28-31, 1985. Disponível em: https://pdfs.semanticscholar.org/e6a7/3129290b9b2fbd7b3c4bdb38d5515aedbde9.pdf. Acesso em 04 dez. 2019.

SOLTYS, R., CRAWFORD, A., 1999. "JAD for Business Plans and Designs". http://www.thefacilitator.com/htdocs/article11.html

SOMMERVILLE, I., 2007. Software Engineering. Eigth Edition, Addison Wesley.

TAUZOVICH, Branka. 1991. Towards Temporal Extensions to the Entity Relationship Approach, San Mateo, California.

TESTE, O., 2001. "Towards Conceptual Multidimensional Design in Decision Support Systems". In: Proceedings of the Fifth East-European Conference on Advances in Databases and Information Systems, Vilnius, Lithuania (Sep), pp. 25-28.

TORANZO, M. A., 2002. "Uma Proposta para Melhorar o Rastreamento de Requisitos de Software". Centro de Informática, Universidade Federal de Pernambuco, Tese de Doutorado, Dezembro/2002.

TRYFONA, N., BUSBORG, F., CHRISTIANSEN, J. G. B., 1999. "StarER: A Conceptual Model for Data Warehouse Design". In: Proceedings of Workshop on Data Warehousing and OLAP (DOLAP), Kansas City, Missouri, USA.

VAN LAMSWEERDE, A., 2000. "Requirements Engineering in the year 00: A Research Perspective". In: Proceedings of the 22nd International Conference on Software Engineering (ICSE), Limerick, Ireland (Jun).

VAN LAMSWEERDE, A., DARDENNE, A., DUBISY, F., 1991. "The KAOS Project: Knowledge Acquisition in Automated Specification of Software". In: Proceedings of the AAAI Spring Symposium Series, Stanford University (Mar).

VANDIVIER, S. E., 2001. "Data Warehouse Design & Discoverer 4.1". AVANCO International White Paper, http://www.avanco.com/n/wp3.html.

VASSILIADIS, P., 2000. "Data Warehouse Modeling and Quality Issues". PhD thesis, Department of Electrical and Computer Engineering, National Technical University of Athens, Greece.

VILLER, S., SOMMERVILLE, I., 1999. "Social Analysis in the Requirements Engineering Process: From Ethnography to Method". In: Proceedings of the 4th International Symposium on Requirements Engineering, Limerick, Ireland (Jun).

WASSERMAN, A., 1979. "A Specification Method for Interactive Information Systems". In: Proceedings of SRS – Specification of Reliable Software, IEEE Catalog No. 79 CH1401-9C, pp. 68-79.

WATTERSON, K., 1998. "Second Generation Data". SunExpert Magazine (Oct), pp. 58-65.

WEIDENHAUPT, K., POHL, K., JARKE, M., HAUMER, P., 1998. "Scenario Usage in System Development: A Report on Current Practice - Extented Abstract". In: Proceedings of the Third IEEE International Conference on Requirements Engineering (ICRE'98), Colorado, USA (Apr).

WIERINGA, R. J., 1996. Requirements Engineering: Frameworks for Understanding. John Wiley e Sons, New York.

WIRFS-BROCK, Rebecca; WILKERSON, Brian. 1989. Object-Oriented Design: a Responsibility-Driven Approach, OOPSLA 89 Proceedings. Disponível em: https://nccastaff.bournemouth.ac.uk/jmacey/CA1/Papers/Responsibility-Driven%20Design.pdf. Acesso em 04 dez. 2019.

WIRFS-BROCK, Rebecca; WILKERSON, Brian; WIENER, Lauren. 1990. Designing Object-Oriented Software, Prentice Hall, New Jersey, 1 edição.

YOURDON, E., 1989. Modern Structured Analysis. Prentice Hall, NY.

YU, E., 1995. "Modelling Strategic Relationships for Process Reengineering". Phd Thesis, University of Toronto.

YU, E., MYLOPOULOS, J., 1994. "Understanding 'why' in Software Process Modeling, Analysis and Design". In: Proceedings of the 16th International Conference on Software Engineering, Sorrento, Italy.

ZAVE, P., 1997. Classification of Research Efforts in Requirements Engineering. ACM Computer Surveys, Vol. 29, No. 4.

www.ingramcontent.com/pod-product-compliance
Lightning Source LLC
Chambersburg PA
CBHW080536060326
40690CB00022B/5146